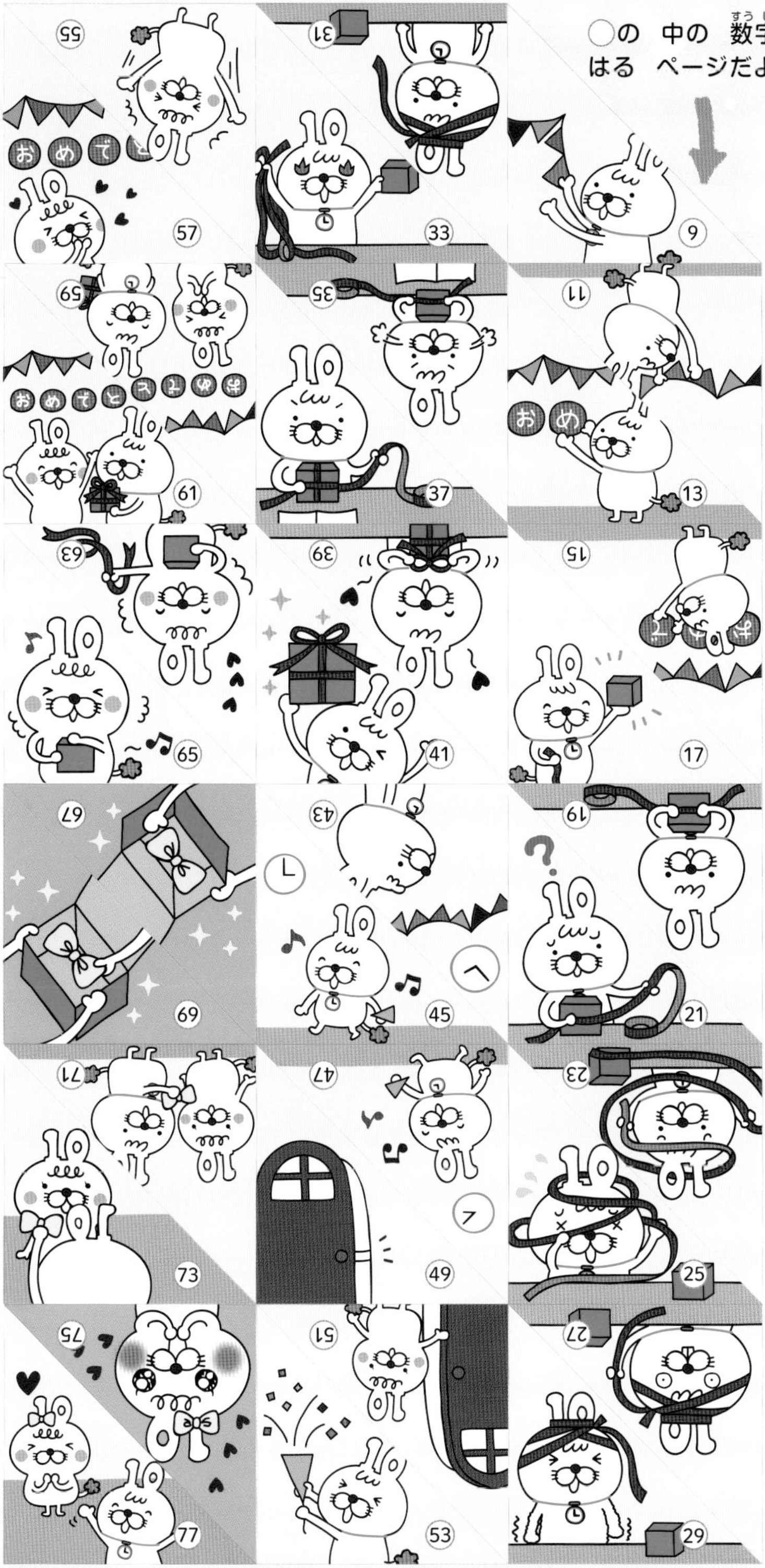

◯の 中の 数字《すうじ》は、
はる ページだよ。

パラパラまんが やったよ！ シール

毎日《まいにち》、べんきょうがおわったら、
ページの左下にシールをはろう。

めじるしーる

おぼえておきたいページの上を
シールではさむようにしてはろう。

（きりとりせん）

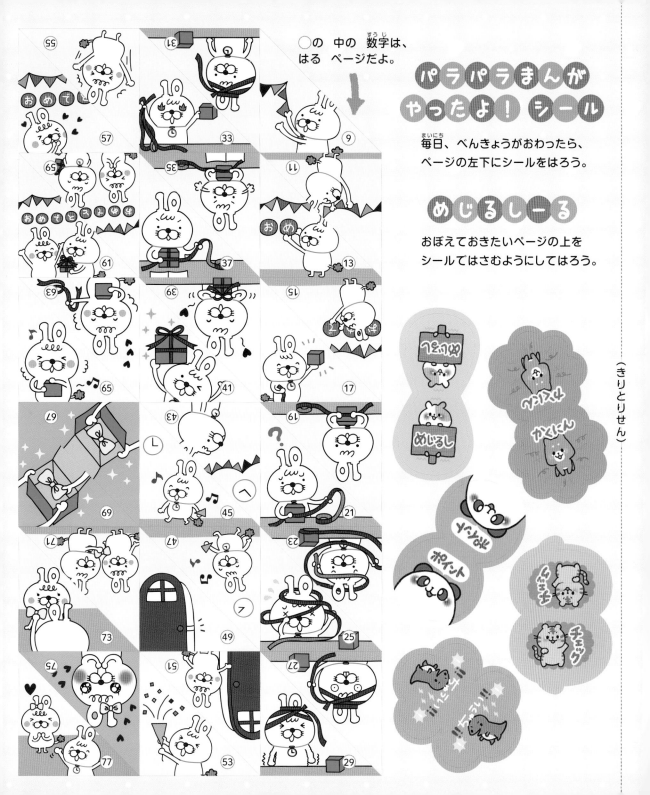

漢検

9級

いちまるとはじめよう！ わくわく漢検

改訂版

漢検 公益財団法人 日本漢字能力検定協会

もくじ

※漢検ホームページから
ダウンロードできます。

この本の使《つか》い方《かた》

日本漢字《かんじ》能力検定《のうりょくけんてい》9級《きゅう》は、小学校2年生で学ぶ漢字160字を中心《ちゅうしん》に、それまでに学ぶ漢字をふくめた読《よ》み、書《か》き、使い方などが出題《しゅつだい》されます。本書《ほんしょ》はその160字を1日10分《ぷん》で1か月間《げつかん》、楽《たの》しみながら学ぶことができます。

漢字《かんじ》であそぼう！わくわく広場《ひろば》

これから習《なら》う漢字を使《つか》って、クイズやめいろであそびましょう。

おわったらシールをはりましょう。

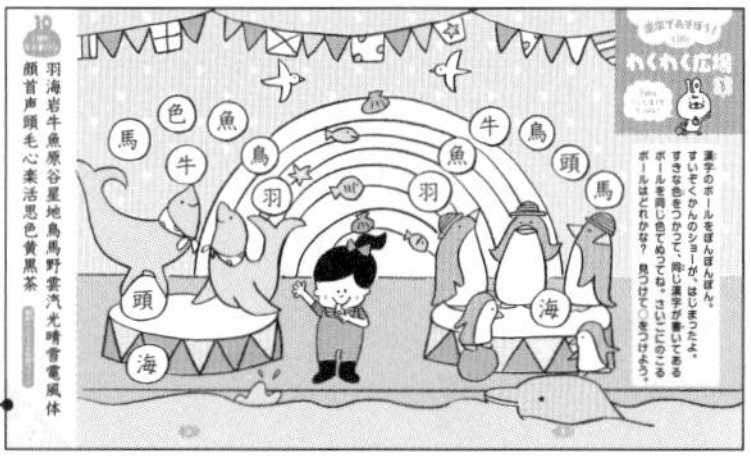

漢字表《ひょう》・れんしゅうもんだい

漢字の意味《いみ》や使う場面《ばめん》などで、テーマごとにわかれています。

１週目《しゅうめ》から５週目まで、わかれています。

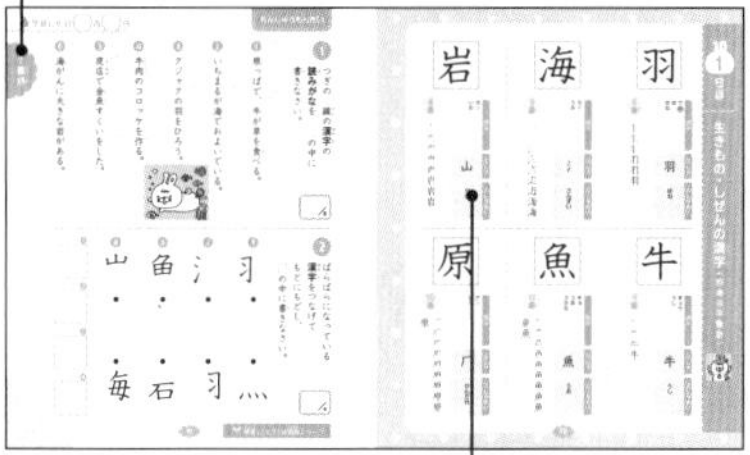

「漢字表」の「読《よ》み」は、音読みをカタカナで、訓《くん》読みをひらがなで示《しめ》しています。㊥は中学校で習う読みで４級《きゅう》以上《いじょう》で出題対象《しゅつだいたいしょう》に、㊫は高校《こうこう》で習う読みで準《じゅん》２級以上で出題対象になります。

「ぶしゅ・ぶしゅめい」は、漢検採用《かんけんさいよう》のものです。

ふくしゅうもんだい

５日分《ぶん》の「漢字表」と「れんしゅうもんだい」がおわったら、「ふくしゅうもんだい」をといてみましょう。

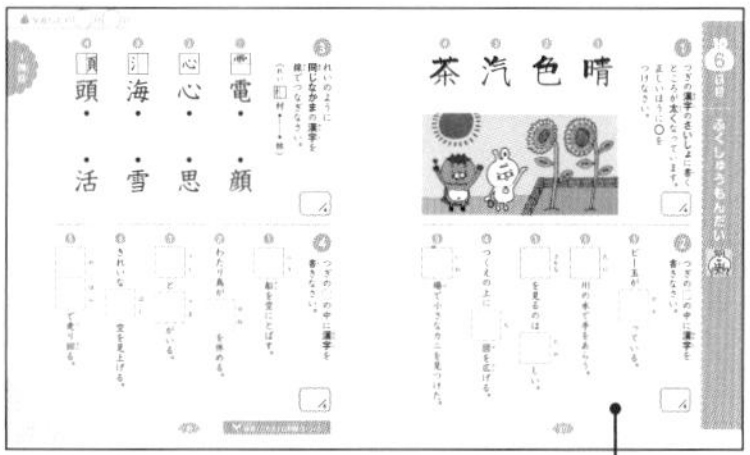

まちがえたもんだいは、「漢字表」を確認《かくにん》して、もう一度《いちど》れんしゅうしてみましょう。

テストにチャレンジ！

30日分の学習《がくしゅう》がおわったら、力だめしをしてみましょう。

いちまるの家族《かぞく》

うちゅうのかなたから、漢字を学ぶためにやってきたなかよし家族

いちまる　ぷちまる　ちちまる　ははまる　おじじまる　おばばまる

いちまるの友《とも》だち

ぎざるぼん

漢検ホームページ（https://www.kanken.or.jp/kanken/dl10/）から、漢字表のポスターをダウンロードできます。くわしくは、この本のカバーの折《お》り返《かえ》し部分《ぶぶん》をごらんください。

おうちの方へ
個人受検を申し込まれる皆さまへ

協会ホームページのご案内

検定に関する最新の情報（申込方法やお支払い方法など）は、公益財団法人　日本漢字能力検定協会ホームページ https://www.kanken.or.jp/ をご確認ください。

なお、下記の二次元コードから、ホームページへ簡単にアクセスできます。

受検規約について

受検を申し込まれる皆さまは、「日本漢字能力検定受検規約（漢検ＰＢＴ）」の適用があることを同意のうえ、検定の申し込みをしてください。受検規約は協会のホームページでご確認いただけます。

1 受検級を決める

受検資格　制限はありません

実 施 級　1、準1、2、準2、3、4、5、6、7、8、9、10級

検定会場　全国主要都市
約170か所に設置
（実施地区は検定の回ごとに決定）

検定時間　ホームページにてご確認ください。

2 検定に申し込む

インターネットにてお申し込みください。

団体受検について

自分の学校や企業などの団体で志願者が一定以上集まると、団体単位で受検の申し込みができる「団体受検」という制度もあります。団体受検申込を扱っているかどうかは、先生や人事関係の担当者にご確認ください。

3 受検票が届く

受検票は検定日の約1週間前から順次お届けします。

4 検定日当日

持ち物　受検票、鉛筆
（HB、B、2Bの鉛筆またはシャープペンシル）、
消しゴム
※ボールペン、万年筆などの使用は認められません。ルーペ持ち込み可。

5 合否の通知

検定日の約40日後に、受検者全員に「検定結果通知」を郵送します。合格者には「合格証書」・「合格証明書」を同封します。欠席者には検定問題と標準解答をお送りします。受検票は検定結果が届くまで大切に保管してください。

家族受検表彰制度について

家族で受検し合格された場合、個別の「合格証書」に加えて「家族合格表彰状」を贈呈する制度があります。申請方法や、その他注意事項は漢検ホームページにてご確認ください。

お問い合わせ窓口

電話番号　フリーコール 0120-509-315（無料）
（海外からはご利用いただけません。ホームページよりメールでお問い合わせください。）

お問い合わせ時間　月～金　9時00分～17時00分
（祝日・お盆・年末年始を除く）
※公開会場検定日とその前日の土曜は開設
※検定日は9時00分～18時00分

メールフォーム　https://www.kanken.or.jp/kanken/contact/

「漢検」級別 主な出題内容

10級 …対象漢字数 80字
漢字の読み/漢字の書取/筆順・画数

9級 …対象漢字数 240字
漢字の読み/漢字の書取/筆順・画数

8級 …対象漢字数 440字
漢字の読み/漢字の書取/部首・部首名/筆順・画数/送り仮名/対義語/同じ漢字の読み

7級 …対象漢字数 642字
漢字の読み/漢字の書取/部首・部首名/筆順・画数/送り仮名/対義語/同音異字/三字熟語

6級 …対象漢字数 835字
漢字の読み/漢字の書取/部首・部首名/筆順・画数/送り仮名/対義語・類義語/同音・同訓異字/三字熟語/熟語の構成

5級 …対象漢字数 1026字
漢字の読み/漢字の書取/部首・部首名/筆順・画数/送り仮名/対義語・類義語/同音・同訓異字/誤字訂正/四字熟語/熟語の構成

4級 …対象漢字数 1339字
漢字の読み/漢字の書取/部首・部首名/送り仮名/対義語・類義語/同音・同訓異字/誤字訂正/四字熟語/熟語の構成

3級 …対象漢字数 1623字
漢字の読み/漢字の書取/部首・部首名/送り仮名/対義語・類義語/同音・同訓異字/誤字訂正/四字熟語/熟語の構成

準2級 …対象漢字数 1951字
漢字の読み/漢字の書取/部首・部首名/送り仮名/対義語・類義語/同音・同訓異字/誤字訂正/四字熟語/熟語の構成

2級 …対象漢字数 2136字
漢字の読み/漢字の書取/部首・部首名/送り仮名/対義語・類義語/同音・同訓異字/誤字訂正/四字熟語/熟語の構成

準1級 …対象漢字数 約3000字
漢字の読み/漢字の書取/故事・諺/対義語・類義語/同音・同訓異字/誤字訂正/四字熟語

1級 …対象漢字数 約6000字
漢字の読み/漢字の書取/故事・諺/対義語・類義語/同音・同訓異字/誤字訂正/四字熟語

※ここに示したのは出題分野の一例です。毎回すべての分野から出題されるとは限りません。また、このほかの分野から出題されることもあります。

日本漢字能力検定採点基準 最終改定:平成25年4月1日

1 採点の対象

筆画を正しく、明確に書かれた字を採点の対象とし、くずした字や、乱雑に書かれた字は採点の対象外とする。

2 字種・字体

①2〜10級の解答は、内閣告示「常用漢字表」(平成二十二年)による。ただし、旧字体での解答は正答とは認めない。

②1級および準1級の解答は、『漢検要覧 1/準1級対応』(公益財団法人日本漢字能力検定協会発行)に示す「標準字体」「許容字体」「旧字体一覧表」による。

3 読み

①2〜10級の解答は、内閣告示「常用漢字表」(平成二十二年)による。

②1級および準1級の解答には、①の規定は適用しない。

4 仮名遣い

仮名遣いは、内閣告示「現代仮名遣い」による。

5 送り仮名

送り仮名は、内閣告示「送り仮名の付け方」による。

6 部首

部首は、『漢検要覧 2〜10級対応』(公益財団法人日本漢字能力検定協会発行)収録の「部首一覧表と部首別の常用漢字」による。

7 筆順

筆順の原則は、文部省編『筆順指導の手びき』(昭和三十三年)による。常用漢字一字一字の筆順は、『漢検要覧 2〜10級対応』収録の「常用漢字の筆順一覧」による。

8 合格基準

級	満点	合格
1級/準1級/2級	二〇〇点	八〇%程度
準2級/3級/4級/5級/6級/7級	二〇〇点	七〇%程度
8級/9級/10級	一五〇点	八〇%程度

※部首、筆順は『漢検 漢字学習ステップ』など公益財団法人日本漢字能力検定協会発行図書でも参照できます。

日本漢字能力検定審査基準

10級

程度　小学校第1学年の学習漢字を理解し、文や文章の中で使える。

領域・内容

《読むことと書くこと》　小学校学年別漢字配当表の第1学年の学習漢字を読み、書くことができる。

《筆順》　点画の長短、接し方や交わり方、筆順および総画数を理解している。

9級

程度　小学校第2学年までの学習漢字を理解し、文や文章の中で使える。

領域・内容

《読むことと書くこと》　小学校学年別漢字配当表の第2学年までの学習漢字を読み、書くことができる。

《筆順》　点画の長短、接し方や交わり方、筆順および総画数を理解している。

8級

程度　小学校第3学年までの学習漢字を理解し、文や文章の中で使える。

領域・内容

《読むことと書くこと》　小学校学年別漢字配当表の第3学年までの学習漢字を読み、書くことができる。

◉音読みと訓読みとを理解していること

◉送り仮名に注意して正しく書けること（食べる、楽しい、後ろ　など）

◉対義語の大体を理解していること（勝つ―負ける、重い―軽い　など）

◉同音異字を理解していること（反対、体育、期待、太陽　など）

《筆順》　筆順、総画数を正しく理解している。

《部首》　主な部首を理解している。

7級

程度　小学校第4学年までの学習漢字を理解し、文章の中で正しく使える。

領域・内容

《読むことと書くこと》　小学校学年別漢字配当表の第4学年までの学習漢字を読み、書くことができる。

◉音読みと訓読みとを正しく理解していること

◉送り仮名に注意して正しく書けること（等しい、短い、流れる　など）

◉熟語の構成を知っていること

◉対義語の大体を理解していること（入学―卒業、成功―失敗　など）

◉同音異字を理解していること（健康、高校、公共、外交　など）

《筆順》　筆順、総画数を正しく理解している。

《部首》　部首を理解している。

6級

程度　小学校第5学年までの学習漢字を理解し、文章の中で漢字が果たしている役割を知り、正しく使える。

領域・内容

《読むことと書くこと》　小学校学年別漢字配当表の第5学年までの学習漢字を読み、書くことができる。

◉音読みと訓読みとを正しく理解していること

◉送り仮名や仮名遣いに注意して正しく書けること（求める、失う　など）

◉熟語の構成を知っていること（上下、絵画、大木、読書、不明　など）

◉対義語、類義語の大体を理解していること（禁止―許可、平等―均等　など）

◉同音・同訓異字を正しく理解していること

《筆順》　筆順、総画数を正しく理解している。

《部首》　部首を理解している。

5級

程度　小学校第6学年までの学習漢字を理解し、文章の中で漢字が果たしている役割に対する知識を身に付け、漢字を文章の中で適切に使える。

領域・内容

《読むことと書くこと》　小学校学年別漢字配当表の第6学年までの学習漢字を読み、書くことができる。

◉音読みと訓読みとを正しく理解していること

◉送り仮名や仮名遣いに注意して正しく書けること

◉熟語の構成を知っていること

◉対義語、類義語を正しく理解していること

◉同音・同訓異字を正しく理解していること

《四字熟語》　四字熟語を正しく理解している（有名無実、郷土芸能　など）。

《筆順》　筆順、総画数を正しく理解している。

《部首》　部首を理解し、識別できる。

漢字《かんじ》であそぼう！ 1週目《しゅうめ》

わくわく広場《ひろば》 1

今週《こんしゅう》は
どんな漢字を
学ぶまる？

漢字《かんじ》のボールをぽんぽんぽん。
すいぞくかんのショーが、はじまったよ。
すきな色《いろ》をつかって、同《おな》じ漢字が書《か》いてある
ボールを同じ色でぬってね。さいごにのこる
ボールはどれかな？ 見つけて○をつけよう。

10

1週目に学ぶ漢字だよ

羽海岩牛魚原谷星地鳥馬野雲汽光晴雪電風体

顔首声頭毛心楽活思色黄黒茶

解答《かいとう》(こたえ)は別冊《べっさつ》11ページ

ここにシールをはろう!

10 1日目 生きもの・しぜんの漢字《かんじ》（羽海岩牛魚原）

羽

6画《かく》

読《よ》み：ウ㊥　は　はね

ぶしゅ：羽

ぶしゅめい：はね

羽羽羽羽羽羽

海

9画

読み：カイ　うみ

ぶしゅ：氵

ぶしゅめい：さんずい

海海海海海海海海海

岩

8画

読み：ガン　いわ

ぶしゅ：山

ぶしゅめい：やま

岩岩岩岩岩岩岩岩

牛

4画

読み：ギュウ　うし

ぶしゅ：牛

ぶしゅめい：うし

牛牛牛牛

魚

11画

読み：ギョ　うお　さかな

ぶしゅ：魚

ぶしゅめい：うお

魚魚魚魚魚魚魚魚魚魚魚

原

10画

読み：ゲン　はら

ぶしゅ：厂

ぶしゅめい：がんだれ

原原原原原原原原原原

れんしゅうもんだい

1

つぎの―線《せん》の漢字《かんじ》の読《よ》みがなを（　）の中に書《か》きなさい。

① 原っぱで、牛が草を食《た》べる。（　）（　）（　）

② いちまるが海でおよいでいる。（　）

③ クジャクの羽をひろう。（　）

④ 牛肉《にく》のコロッケを作《つく》る。（　）

⑤ 夜店《よみせ》で金魚すくいをした。（　）（　）

⑥ 海がんに大きな岩がある。（　）（　）

／8

2

ばらばらになっている漢字《かんじ》をつなげてもとにもどし、□の中に書《か》きなさい。

① 习　② 氵　③ ⺈田　④ 山

・　・　・　・

・　・　・　・

灬　习　石　毎

① □
② □
③ □
④ □

／4

2日目

生きもの・しぜんの漢字《かんじ》（谷星地鳥馬野）

谷

7画《かく》

読《よ》み：コク㊥　たに

ぶしゅ：谷

ぶしゅめい：たに

谷谷谷谷谷谷谷

星

9画

読み：セイ　ショウ㊥　ほし

ぶしゅ：日

ぶしゅめい：ひ

星星星星星星星星星

地

6画

読み：チ　ジ

ぶしゅ：土

ぶしゅめい：つちへん

地地地地地地

鳥

11画

読み：チョウ　とり

ぶしゅ：鳥

ぶしゅめい：とり

鳥鳥鳥鳥鳥鳥鳥鳥鳥鳥鳥

馬

10画

読み：バ　うま　ま

ぶしゅ：馬

ぶしゅめい：うま

馬馬馬馬馬馬馬馬馬馬

野

11画

読み：ヤ　の

ぶしゅ：里

ぶしゅめい：さとへん

野野野野野野野野野野野

1

つぎの―線《せん》の**漢字《かんじ》**の**読《よ》みがな**を（　）の中に書《か》きなさい。

1 谷のもみじを見に行《い》った。

2 たくさんの星がかがやいている。

3 父《ちち》が海べで地図《ず》を見る。

4 野きゅうチームに入った。

5 ベランダで野さいをそだてる。

6 馬のおしりに鳥が止《と》まる。

／8

2

つぎの**ことば**と**絵《え》**を線《せん》でつなぎなさい。

（れい）羽

1 馬車

2 子牛

3 土星

4 鳥かご

／4

3日目

天気・気《き》象《しょう》の漢《かん》字《じ》（雲汽光晴雪電風）

雲

読《よ》み：ウン　くも

12画《かく》

ぶしゅ：⻗

ぶしゅめい：あめかんむり

雲雲雲

汽

読み：キ

7画

ぶしゅ：氵

ぶしゅめい：さんずい

光

読み：コウ　ひか(る)　ひかり

6画

ぶしゅ：儿

ぶしゅめい：ひとあし　にんにょう

晴

読み：セイ　は(れる)　は(らす)

12画

ぶしゅ：日

ぶしゅめい：ひへん

晴晴晴

雪

読み：セツ　ゆき

11画

ぶしゅ：⻗

ぶしゅめい：あめかんむり

雪雪

電

読み：デン

13画

ぶしゅ：⻗

ぶしゅめい：あめかんむり

風

読み：フウ・フ㊢　かぜ　かざ

9画

ぶしゅ：風

ぶしゅめい：かぜ

れんしゅうしよう！

1 つぎの―線《せん》の漢字《かんじ》の読《よ》みがなを（　）の中に書《か》きなさい。

① 雲（　）のすきまから光（　）がさす。

② 晴（　）れた日は出かけたくなる。

③ 風（　）がふいて、白（　）い雪（　）がまう。

④ どうぶつ園《えん》まで電車（　）で行《い》く。

⑤ 汽車（　）がトンネルに入る。

⑥ 地（　）めんに耳をあててみる。

／8

2 つぎの〜線《せん》のひらがなを漢字《かんじ》で書《か》くと、どちらが正しいですか。正しいほうのばんごうに○をつけなさい。

① まんなか
1 まん中
2 まん虫

② 国《こく》おう
1 国王
2 国玉

③ 夕やけぐも
1 夕やけ雪
2 夕やけ雲

／3

ここにシールをはろう！

解答《かいとう》（こたえ）は別冊《べっさつ》2ページ

10 4日目

体の漢字《かんじ》（体顔首声頭毛）

体

読《よ》み：タイ、テイ㊥、からだ

ぶしゅ：亻

ぶしゅめい：にんべん

7画《かく》

体体体体体体体

顔

読み：ガン、かお

ぶしゅ：頁

ぶしゅめい：おおがい

18画

顔顔顔顔顔顔顔顔顔顔顔顔顔顔顔顔顔顔

首

読み：シュ、くび

ぶしゅ：首

ぶしゅめい：くび

9画

首首首首首首首首首

声

読み：セイ、ショウ㊫、こえ、こわ㊥

ぶしゅ：士

ぶしゅめい：さむらい

7画

声声声声声声声

頭

読み：トウ、ズ、ト㊫、あたま、かしら㊥

ぶしゅ：頁

ぶしゅめい：おおがい

16画

頭頭頭頭頭頭頭頭頭頭頭頭頭頭頭頭

毛

読み：モウ、け

ぶしゅ：毛

ぶしゅめい：け

4画

毛毛毛毛

1

つぎの―線《せん》の漢字《かんじ》の読《よ》みがなを（　）の中に書《か》きなさい。

/8

① お父《とう》さんが顔（　）の毛（　）をそっている。

② レンゲの花の首（　）かざりを作《つく》る。

③ 大きな声（　）でへんじをする。

④ マラソンで先頭（　）を走《はし》る。

⑤ 遠足《えんそく》の日の天気は晴（　）れのよほうだ。

⑥ 雪（　）がっせんで体（　）をうごかす。

2

つぎの□の中に漢字《かんじ》を書《か》きなさい。

/7

① □《くび》に□《け》糸のマフラーをまく。

② 歌《うた》□《ごえ》が聞《き》こえる。

③ □《くも》一つない空だ。

④ つぎの時間《じかん》は□《たい》いくだ。

⑤ □《でん》線《せん》に小□《とり》が止《と》まる。

ここにシールをはろう！

解答《かいとう》（こたえ）は別冊《べっさつ》2ページ

5日目

心の漢字《かんじ》（心楽活思）／色の漢字（色黄黒茶）

心

読《よ》み：シン／こころ

4画《かく》

ぶしゅ：心

ぶしゅめい：こころ

心心心心

楽

読み：ガク・ラク／たの（しい）／たの（しむ）

13画

ぶしゅ：木

ぶしゅめい：き

楽楽楽楽楽楽楽楽楽楽楽楽楽

活

読み：カツ

9画

ぶしゅ：氵

ぶしゅめい：さんずい

活活活活活活活活活

思

読み：シ／おも（う）

9画

ぶしゅ：心

ぶしゅめい：こころ

思思思思思思思思思

色

読み：ショク／シキ／いろ

6画

ぶしゅ：色

ぶしゅめい：いろ

色色色色色色

黄

読み：オウ・コウ㊥／き／こ㊥

11画

ぶしゅ：黄

ぶしゅめい：き

黄黄黄黄黄黄黄黄黄黄黄

黒

読み：コク／くろ／くろ（い）

11画

ぶしゅ：黒

ぶしゅめい：くろ

黒黒黒黒黒黒黒黒黒黒黒

茶

読み：チャ／サ㊥

9画

ぶしゅ：艹

ぶしゅめい：くさかんむり

茶茶茶茶茶茶茶茶茶

1

つぎの―線《せん》の漢字《かんじ》の読《よ》みがなを（　）の中に書《か》きなさい。

/8

① ゆうえんちで楽しい時《とき》をすごす。（　　）（　　）

② 心をこめて色紙《し》を書《か》く。（　　）（　　）

③ きそく正しい生活をする。（　　）

④ 黒い馬にのって林を走《はし》る。（　　）

⑤ この本はおもしろいと思う。（　　）

⑥ 黄色い花もようの茶わんを買《か》った。（　　）（　　）

2

つぎの漢字《かんじ》の○のところは、**はねるか、とめるか、**れいのように正しい書《か》きかたで○の中に書《か》きなさい。

（れい　字○→字○　下○→下○）

/5

① 地○ きゅう

② 毛○ 糸

③ 耳○

④ 色○ えんぴつ

⑤ 心○

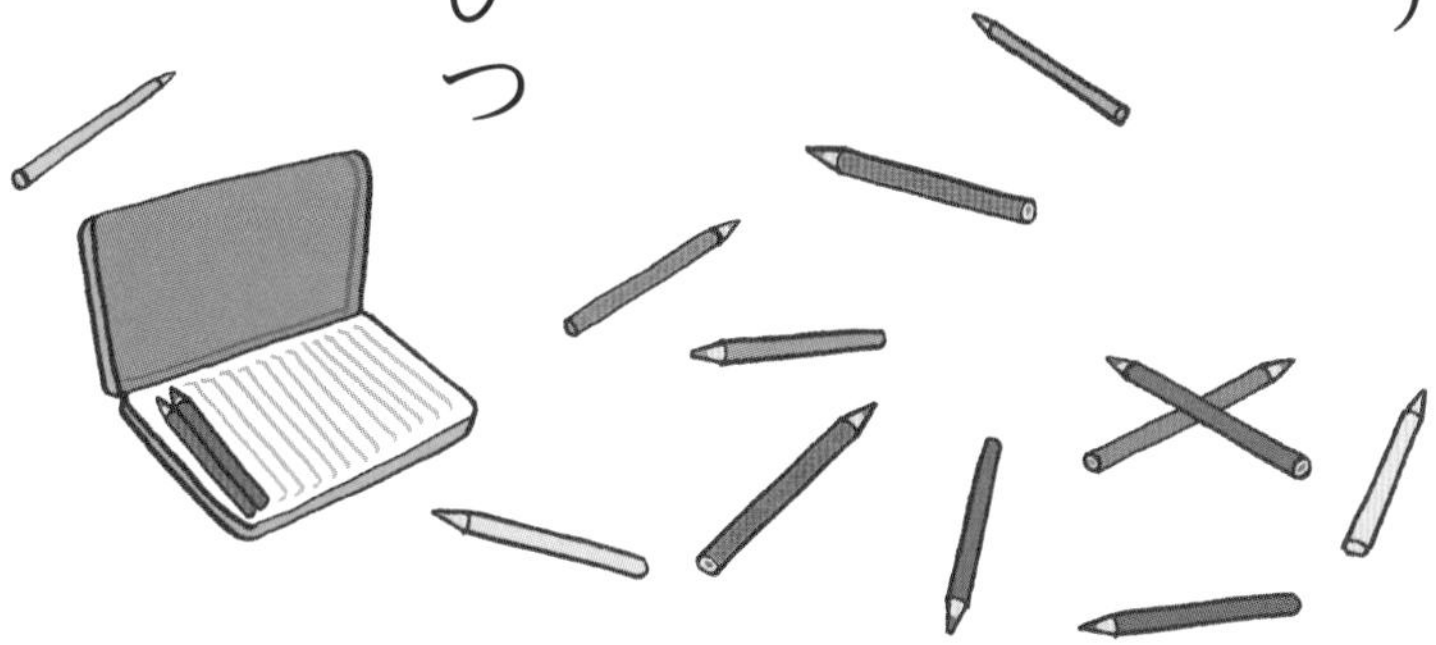

解答《かいとう》（こたえ）は別冊《べっさつ》3ページ

ここにシールをはろう！

1 つぎの漢字《かんじ》のさいしょに書《か》くところが太《ふと》くなっています。正しいほうに○をつけなさい。

/4

① 晴

② 色

③ 汽

④ 茶

2 つぎの□の中に漢字《かんじ》を書《か》きなさい。

/6

① ビー玉が□《ひか》っている。

② □《たに》川の水で手をあらう。

③ □《さかな》を見るのは□《たの》しい。

④ つくえの上に□《ち》図《ず》を広《ひろ》げる。

⑤ □《いわ》場《ば》で小さなカニを見つけた。

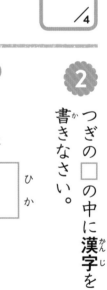

3 れいのように**同《おな》じなかま**の**漢字《かんじ》**を線《せん》でつなぎなさい。

（れい　[木]　村・――・林）

① [⻗]　電・　　・顔

② [心]　心・　　・思

③ [氵]　海・　　・雪

④ [頁]　頭・　　・活

／4

4 つぎの□の中に**漢字《かんじ》**を書《か》きなさい。

① □（ふう）船《せん》を空にとばす。

② わたり鳥が□（はね）を休める。

③ □（うし）と□（うま）がいる。

④ きれいな□（ほし）空を見上げる。

⑤ □□（のはら）で走《はし》り回《まわ》る。

／6

ここにシールをはろう！

解答《かいとう》（こたえ）は別冊《べっさつ》3ページ

漢字《かんじ》であそぼう！ 2週目《しゅうめ》

わくわく広場《ひろば》 2

夜《よる》の図書《としょ》かんをたんけんだ！
本だなのむこうに、
漢字《かんじ》が半分《はんぶん》かくれて
いるよ。かくれている
漢字は何《なに》かな？
考《かんが》えてみよう。

10

2週目に学ぶ漢字だよ

朝昼夜間午今時分毎曜週回戸才台番万春夏秋

冬東西南北公園京交市寺

解答《かいとう》（こたえ）は別冊《べっさつ》11ページ

10
ここにシールをはろう！

7日目

時《とき》・時《じ》間《かん》の漢《かん》字《じ》（朝昼夜間午今）

朝

読《よ》み	ぶしゅ	ぶしゅめい
チョウ あさ	月	つき

12画《かく》

朝朝朝

昼

読み	ぶしゅ	ぶしゅめい
チュウ ひる	日	ひ

9画

夜

読み	ぶしゅ	ぶしゅめい
ヤ よ よる	夕	たゆうべ

8画

間

読み	ぶしゅ	ぶしゅめい
カン ケン あいだ ま	門	もんがまえ

12画

間間間

午

読み	ぶしゅ	ぶしゅめい
ゴ	十	じゅう

4画

今

読み	ぶしゅ	ぶしゅめい
コン キン㊥ いま	人	ひとやね

4画

れんしゅうもんだい

2週目《しゅうめ》

1 つぎの―線《せん》の**漢字《かんじ》**の**読《よ》みがな**を（　）の中に書《か》きなさい。

/8

1. 一年間そだてた花がさいた。（　）
2. 朝ごはんのよういを今からする。（　）（　）
3. 午前《ぜん》九時《じ》から昼まで出かける。（　）（　）
4. ボールあそびを楽しむ。（　）
5. 月が夜空にかがやいている。（　）
6. 本の間にしおりをはさむ。（　）

2 □に**ひらがな**を**一字**書いて、つぎの**ことば**の**読《よ》み**をこたえなさい。

（れい　左右…さ[ゆ]う）

/8

1. 川原…[1]わ[2]
2. 今年…[3]とし
3. 体じゅう…[4]いじゅう
4. 早朝…[5]う[6]よう
5. 野鳥…[7][8]よう

解答《かいとう》（こたえ）は別冊《べっさつ》3ページ

ここにシールをはろう！

8日目

時・時間の漢字《かんじ》（時分毎曜週）

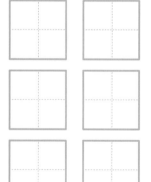

時

読《よ》み：ジ　とき

10画《かく》

ぶしゅ：日

ぶしゅめい：ひへん

分

読み：ブン・フン・ブ　わ(ける)　わ(かれる)　わ(かる)　わ(かつ)

4画

ぶしゅ：刀

ぶしゅめい：かたな

毎

読み：マイ

6画

ぶしゅ：毋

ぶしゅめい：なかれ

曜

読み：ヨウ

18画

ぶしゅ：日

ぶしゅめい：ひへん

週

読み：シュウ

11画

ぶしゅ：辶

ぶしゅめい：しんにょう　しんにゅう

れんしゅうしよう！

1

つぎの―線《せん》の漢字《かんじ》の読《よ》みがなを（　）の中に書《か》きなさい。

1. 休み時間（　）はあと五分（　）ある。
2. 兄《あに》は土曜日（　）のよていを先週（　）きめた。
3. 四列《れつ》に分（　）かれてならぶ。
4. はみがきは毎日（　）三回《かい》する。
5. 今夜（　）は晴れたので星がきれいだ。
6. 午（　）後《ご》から雨がふるそうだ。

／8

2

つぎの漢字《かんじ》の書《か》くじゅんばんを、○の中に数字《すうじ》で書《か》きなさい。

（れい）毛　①②③④

1. 光
2. 心
3. 分
4. 谷

／4

9日目

数《かず》・たんいの漢字《かん》《じ》（回戸才台番万）

回

6画《かく》

読《よ》み: カイ、エ(高)、まわ(る)、まわ(す)

回回回回回回

ぶしゅ: 口

ぶしゅめい: くにがまえ

戸

4画

読み: コ、と

戸戸戸戸

ぶしゅ: 戸

ぶしゅめい: と

才

3画

読み: サイ

才才才

ぶしゅ: 手

ぶしゅめい: て

台

5画

読み: ダイ、タイ

台台台台台

ぶしゅ: 口

ぶしゅめい: くち

番

12画

読み: バン

番番番番番番番番番番番番

ぶしゅ: 田

ぶしゅめい: た

万

3画

読み: マン、バン(中)

万万万

ぶしゅ: 一

ぶしゅめい: いち

1

つぎの―線《せん》の漢字《かんじ》の読《よ》みがなを（　）の中に書《か》きなさい。

1. るす番をするのは三回目だ。（　）（　）
2. 台風にそなえて、雨戸をしめる。（　）（　）
3. さいふの中に一万円さつがある。（　）
4. へいきん台の上を歩《ある》く。（　）
5. 赤ちゃんの時の写真《しゃしん》だ。（　）
6. いちまるは絵《え》の天才だ。（　）（　）

／8

2

つぎの～線《せん》のひらがなを漢字《かんじ》で書《か》くと、どちらが正しいですか。正しいほうのばんごうに○をつけなさい。

1. ひゃく万人 → 1 白万人　2 百万人
2. ぎゅうにゅう → 1 牛にゅう　2 午にゅう
3. まいばん → 1 毎ばん　2 海ばん
4. たいいく → 1 体いく　2 休いく
5. 元《げん》き → 1 元汽　2 元気

／5

解答《かいとう》（こたえ）は別冊《べっさつ》4ページ

10日目

きせつの漢字《かんじ》（春夏秋冬）／方角《ほうがく》の漢字《かんじ》（東西南北）

春
9画《かく》
読《よ》み：シュン　はる
ぶしゅ：日
ぶしゅめい：ひ

夏
10画
読み：カ　ゲ㊥　なつ
ぶしゅ：夂
ぶしゅめい：すいにょう　ふゆがしら

秋
9画
読み：シュウ　あき
ぶしゅ：禾
ぶしゅめい：のぎへん

冬
5画
読み：トウ　ふゆ
ぶしゅ：冫
ぶしゅめい：にすい

東
8画
読み：トウ　ひがし
ぶしゅ：木
ぶしゅめい：き

西
6画
読み：セイ　サイ　にし
ぶしゅ：西
ぶしゅめい：にし

南
9画
読み：ナン　ナ㊭　みなみ
ぶしゅ：十
ぶしゅめい：じゅう

北
5画
読み：ホク　きた
ぶしゅ：ヒ
ぶしゅめい：ひ

1

つぎの―線《せん》の漢字《かんじ》の**読《よ》みがな**を（　）の中に書《か》きなさい。

/8

① 夏まつりがはじまった。（　）

② 春になって、わたり鳥が北へむかう。（　）（　）

③ 東へすすむか西へすすむかなやむ。（　）（　）

④ 南の空に明《あか》るい星が見える。（　）

⑤ 冬休みに、マフラーをあんだ。（　）（　）

⑥ 秋にみんなでブドウがりに行《い》く。（　）

2

つぎの□にあてはまる**漢字《かんじ》**を下の［　］からえらんで書《か》きなさい。

/5

① 夏……□ふゆ

② 朝……□よる

③ 白……□くろ

④ 山……□たに

⑤ 足……□あたま

黒　夜　谷　頭　冬

解答《かいとう》（こたえ）は別冊《べっさつ》4ページ

ここにシールをはろう！

場《ば》所《しょ》の漢《かん》字《じ》（公園京交市寺）

公

4画《かく》

読《よ》み：コウ　おおやけ㊥

ぶしゅ：八

ぶしゅめい：はち

公公公公

園

13画

読み：エン　その㊥

ぶしゅ：口

ぶしゅめい：くにがまえ

園園園園園園園園園園園園園

京

8画

読み：キョウ　ケイ㊥

ぶしゅ：亠

ぶしゅめい：なべぶた　けいさんかんむり

京京京京京京京京

交

6画

読み：コウ　まじ(わる)・まじ(える)　ま(じる)・ま(ざる)　ま(ぜる)・か(う)㊥　か(わす)㊥

ぶしゅ：亠

ぶしゅめい：なべぶた　けいさんかんむり

交交交交交交

市

5画

読み：シ　いち

ぶしゅ：巾

ぶしゅめい：はば

市市市市市

寺

6画

読み：ジ　てら

ぶしゅ：寸

ぶしゅめい：すん

寺寺寺寺寺寺

2週目

1 つぎの―線《せん》の**漢字《かんじ》**の**読《よ》みがな**を（　）の中に書《か》きなさい。

①学校の西（　）がわに公園（　）がある。
②交（　）通《つう》ルールをしっかりまもる。
③東京（　）に古《ふる》くからある寺（　）をめぐる。
④六年生（　）に交（　）じってあそんだ。
⑤市（　）やくしょをたずねる。
⑥目の回（　）るようないそがしさだ。

/8

2 つぎの□の中に**漢字《かんじ》**を書《か》きなさい。

①□（なつ）休みに□（みなみ）のしまに行《い》く。
②□□（ひるま）でも月が見える。
③一□□（しゅうかん）、きゅう食当番《しょくとうばん》だ。
④□（だい）どころでお茶をいれる。
⑤□（はる）の□（ご）後《ご》はねむい。

/7

解答《かいとう》（こたえ）は別冊《べっさつ》4ページ

ここにシールをはろう！

1

上と下の漢字《かんじ》を線《せん》でつなげて二字のことばをつくりなさい。こたえは□の中に書《か》きなさい。

／3

① 北・　　・間

② 正・　　・午

③ 昼・　　・風

① □□　② □□　③ □□

2

つぎの□の中に漢字《かんじ》を書《か》きなさい。

／6

① 日□《よう》日は□□《こうえん》に行《い》く。

② おじに一□《まん》円さつをもらった。

③ □□《こうばん》で道《みち》をたずねる。

④ □《と》じまりをたしかめる。

⑤ 一年生のころを□《おも》い出す。

3

□に**ひらがな**を**一字**書いて、つぎの**ことば**の**読**《よ》**み**をこたえなさい。

（れい　左右…さ［ゆ］う）

□/8

① 三　分…［1］んぷ［2］

② 毛　虫…［3］むし

③ 足　首…あ［4］［5］び

④ 音　楽…［6］ん［7］く

⑤ 今　朝…［8］さ

4

つぎの□の中に**漢字**《かんじ》を書《か》きなさい。

□/6

① 明日《あす》から［ふゆ］休みに入る。

② ［きいろ］の花がさいた。

③ 太《たい》ようは［ひがし］からのぼる。

④ ［まい］日、七［じ］に目がさめる。

⑤ この町には、お［てら］が多《おお》い。

解答《かいとう》（こたえ）は別冊《べっさつ》5ページ

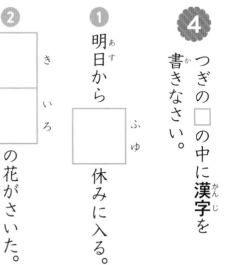

漢字《かんじ》であそぼう！
3週目

わくわく広場《ひろば》 3

今週は
どんな漢字を
学ぶまる？

漢字《かんじ》エネルギーをロケットに
つんで、うちゅうへ行《い》くぞ!!
漢字をぜんぶあつめて、
ゴールまでたどりつこう。
（同《おな》じ道《みち》は一回しか通《とお》れないよ。）

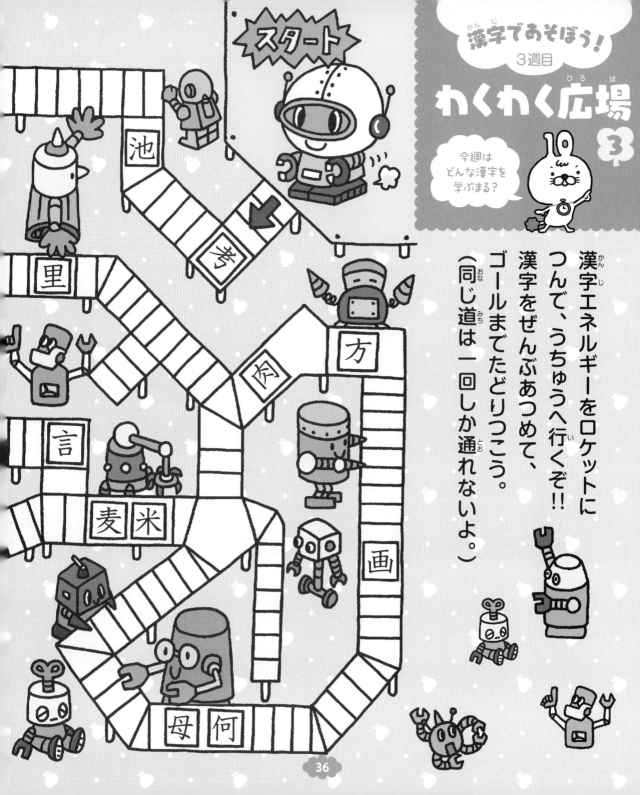

10

3週目に学ぶ漢字だよ

方角室場池店道門里食肉麦米自親父母兄姉弟

妹会教組同友用国語何画言考

解答《かいとう》（こたえ）は別冊《べっさつ》12ページ

ここにシールをはろう！

13日目

場《ば》所《しょ》の漢《かん》字《じ》（方角室場池店道）

方

読《よ》み：ホウ、かた

4画《かく》

ぶしゅ：方

ぶしゅめい：ほう

方方方方

角

読み：カク、かど、つの

7画

ぶしゅ：角

ぶしゅめい：かく、つの

角角角角角角角

室

読み：シツ、むろ㊥

9画

ぶしゅ：宀

ぶしゅめい：うかんむり

室室室室室室室室室

場

読み：ジョウ、ば

12画

ぶしゅ：土

ぶしゅめい：つちへん

場場場場場場場場場場場場

池

読み：チ、いけ

6画

ぶしゅ：氵

ぶしゅめい：さんずい

池池池池池池

店

読み：テン、みせ

8画

ぶしゅ：广

ぶしゅめい：まだれ

店店店店店店店店

道

読み：ドウ、トウ㊒、みち

12画

ぶしゅ：辶

ぶしゅめい：しんにょう、しんにゅう

道道道道道道道道道道道道

れんしゅうしよう！

1

つぎの――線《せん》の漢字《かんじ》の読《よ》みがなを（　）の中に書《か》きなさい。

/12

1. ため池の近《ちか》くに正方形《けい》の石があった。
2. ほけん室で毛ふをかぶってねる。
3. さか道を下ってつぎの角をまがる。
4. 昼すぎに母《はは》の店をたずねる。
5. 島《しま》の中心には、ぼく場がある。
6. 学校の南がわの道は明《あか》るい。

2

つぎの――線《せん》の漢字《かんじ》の読《よ》みがなを（　）の中に書《か》きなさい。

/8

1. ㋐ 方角　㋑ まがり角
2. ㋐ 二回　㋑ こま回し
3. ㋐ 岩場　㋑ 会《かい》場
4. ㋐ 黒い　㋑ 黒ばん

14日目

場所《ばしょ》の漢字《かんじ》（門里）／食べものの漢字（食肉麦米）

門

読《よ》み：モン　かど㊥

ぶしゅ：門

ぶしゅめい：もん

8画《かく》

門門門門門門門門

里

読み：リ　さと

ぶしゅ：里

ぶしゅめい：さと

7画

里里里里里里里

食

読み：ショク　ジキ㊢　く(う)　た(べる)　く(らう)㊢

ぶしゅ：食

ぶしゅめい：しょく

9画

食食食食食食食食食

肉

読み：ニク

ぶしゅ：肉

ぶしゅめい：にく

6画

肉肉肉肉肉肉

麦

読み：バク㊥　むぎ

ぶしゅ：麦

ぶしゅめい：むぎ

7画

麦麦麦麦麦麦麦

米

読み：ベイ　マイ　こめ

ぶしゅ：米

ぶしゅめい：こめ

6画

米米米米米米

1

つぎの―線《せん》の漢字《かんじ》の読《よ》みがなを（　）の中に書《か》きなさい。

/12

1 昼休みになると、いつも池に行《い》く。

2 門を入ると麦の畑《はたけ》が広《ひろ》がる。

3 牛肉をフライパンでやいて食べる。

4 父《ちち》のふる里でとれた米はおいしい。

5 校門の前《まえ》の交さ点《てん》をわたる。

6 買《か》ってきた食パンを三角に切《き》る。

2

つぎの漢字《かんじ》の○のところは、はねるか、とめるか、れいのように正しい書《か》きかたで○の中に書《か》きなさい。

（れい　字○→字　下○→下）

/5

1 東京○えき

2 市○やくしょ

3 天才○

4 ぶた肉○

5 北○むき

解答《かいとう》（こたえ）は別冊《べっさつ》5ページ

15日目

家族《かぞく》の漢字《かんじ》（自親父母兄姉弟妹）

自

読《よ》み：ジ／シ／みずか(ら)

ぶしゅ：自　ぶしゅめい：みずから

6画《かく》

親

読み：シン／おや・した(しい)／した(しむ)

ぶしゅ：見　ぶしゅめい：みる

16画

父

読み：フ／ちち

ぶしゅ：父　ぶしゅめい：ちち

4画

母

読み：ボ／はは

ぶしゅ：毋　ぶしゅめい：なかれ

5画

兄

読み：キョウ／ケイ㊥／あに

ぶしゅ：儿　ぶしゅめい：ひとあし／にんにょう

5画

姉

読み：シ㊥／あね

ぶしゅ：女　ぶしゅめい：おんなへん

8画

弟

読み：ダイ・テイ㊥・デ㊥／おとうと

ぶしゅ：弓　ぶしゅめい：ゆみ

7画

妹

読み：マイ㊥／いもうと

ぶしゅ：女　ぶしゅめい：おんなへん

8画

1

つぎの―線《せん》の漢字《かんじ》の読《よ》みがなを（　）の中に書《か》きなさい。

/12

① 姉がえきの売《ばい》店でガムを買《か》った。

② 母は道ばたで親切《せつ》な人に出《で》会《あ》った。

③ いちまると妹は、肉が大すきだ。

④ 父は夏になると麦茶をのむ。

⑤ かがみで自分の頭を見る。

⑥ 汽てきの音を聞《き》きに兄弟で出かけた。

2

つぎの□にあてはまる漢字《かんじ》を下の□からえらんで書《か》きなさい。

/5

① 秋……□　はる

② 子……□　おや

③ 兄……□　おとうと

④ 麦……□　こめ

⑤ まど……□　と

米　戸　親　弟　春

16日目

学校・勉《べん》強《きょう》の漢《かん》字《じ》（会教組同友用）

会

6画《かく》

読《よ》み：カイ　エ㊂　あ(う)

ぶしゅ：𠆢

ぶしゅめい：ひとやね

会会会会会会

教

11画

読み：キョウ　おし(える)　おそ(わる)

ぶしゅ：攵

ぶしゅめい：のぶん　ぼくづくり

教教教教教教教教教教教

組

11画

読み：ソ　く(む)　くみ

ぶしゅ：糸

ぶしゅめい：いとへん

組組組組組組組組組組組

同

6画

読み：ドウ　おな(じ)

ぶしゅ：口

ぶしゅめい：くち

同同同同同同

友

4画

読み：ユウ　とも

ぶしゅ：又

ぶしゅめい：また

友友友友

用

5画

読み：ヨウ　もち(いる)

ぶしゅ：用

ぶしゅめい：もちいる

用用用用用

1

つぎの―線《せん》の漢字《かんじ》の読《よ》みがなを（　）の中に書《か》きなさい。

1 明るい教室できゅう食を食べる。
（明《あか》るい）

2 より道をする弟を見た。

3 お姉さんからおり紙《がみ》を教わる。

4 うんどう会で四つの組に分かれる。

5 休日に同じクラスの人と会う。

6 用じをすませてから親友とあそぶ。

／12

2

つぎの□の中に漢字《かんじ》を書《か》きなさい。

1 おもしろい番□《ぐみ》をさがす。

2 □《とも》だちと夜□《みせ》を回る。

3 □《にし》の畑《はたけ》に□《はは》がいた。

4 □《じ》てん車でさか□《みち》を下る。

5 □《あに》は山のぼりがすきだ。

／8

解答《かいとう》（こたえ）は別冊《べっさつ》6ページ

10 17 日目

学校・勉強《べんきょう》の漢字《かんじ》（国語何画言考）

国

読《よ》み：コク、くに

8画

ぶしゅ：口

ぶしゅめい：くにがまえ

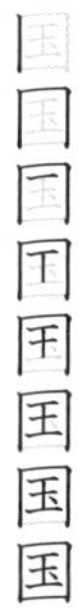

語

読み：ゴ、かた(る)、かた(らう)

14画

ぶしゅ：言

ぶしゅめい：ごんべん

何

読み：カ㊥、なに、なん

7画

ぶしゅ：亻

ぶしゅめい：にんべん

画

読み：ガ、カク

8画

ぶしゅ：田

ぶしゅめい：た

言

読み：ゲン、ゴン、い(う)、こと

7画

ぶしゅ：言

ぶしゅめい：げん

考

読み：コウ、かんが(える)

6画

ぶしゅ：耂

ぶしゅめい：おいかんむり、おいがしら

1

つぎの――線《せん》の漢字《かんじ》の読《よ》みがなを（　）の中に書《か》きなさい。

1. 白い画用紙《し》に何をかくかきめる。
2. 自分の考えをゆっくりと言う。
3. お父さんの友だちに会った。
4. いろいろな国の本を何さつも読《よ》んだ。
5. お兄さんと顔がにている。
6. 国語で文の組み立て方をならった。

／12

2

れいのように同じなかまの漢字《かんじ》を線《せん》でつなぎなさい。

（れい　木　村・――・林）

1. 亻　休・　　・京
2. 女　姉・　　・池
3. 亠　交・　　・妹
4. 氵　汽・　　・何

／4

3週目

ここにシールをはろう！

18日目

ふくしゅうもんだい

1

つぎの漢字《かんじ》の**太**《ふと》**い**ところは**なんばんめ**に書《か》きますか。正しいほうの数字《すうじ》に○をつけなさい。

① 寺　5　4

② 里　6　5

③ 冬　4　3

④ 米　4　3

／4

2

つぎの□の中に漢字《かんじ》を書《か》きなさい。

① ノートに三□《かく》形《けい》をかく。

② □《いもうと》と□《あね》は、なかがよい。

③ □□《がよう》紙《し》に色をぬる。

④ 朝早く、□□《いちば》に行《い》く。

⑤ □《ちち》が学校に来《き》た。

／6

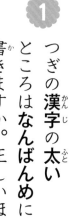

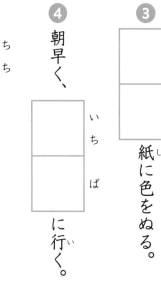

3

つぎの〜線《せん》の**ひらがな**を**漢字**《かんじ》で書《か》くと、どちらが正しいですか。正しいほうの**ばんごう**に○をつけなさい。

① 一まん円
　1 一方円
　2 一万円

② じ分
　1 白分
　2 自分

③ こう番
　1 交番
　2 文番

④ ためいけ
　1 ため地
　2 ため池

⑤ みせ先
　1 店先
　2 戸先

／5

4

つぎの□の中に**漢字**《かんじ》を書《か》きなさい。

① □□《きょうしつ》で先生をまつ。

② お店で□《にく》を買《か》ってきた。

③ 夕□《しょく》のメニューを□《かんが》える。

④ つめたい□《むぎ》茶をのむ。

⑤ 校□《もん》のそばでごみをあつめる。

／6

3週目

ここにシールをはろう！

解答《かいとう》（こたえ）は別冊《べっさつ》6、7ページ

漢字《かんじ》であそぼう！

4週目

わくわく広場《ひろば》 4

サンタクロースからのプレゼントは何だろう？

『漢字《かんじ》じゅんばんひょう』の通《とお》りに、

●《まる》を―線《せん》でつないでみよう。

●漢字じゅんばんひょう●

工→作→算→数→読→書→理→船

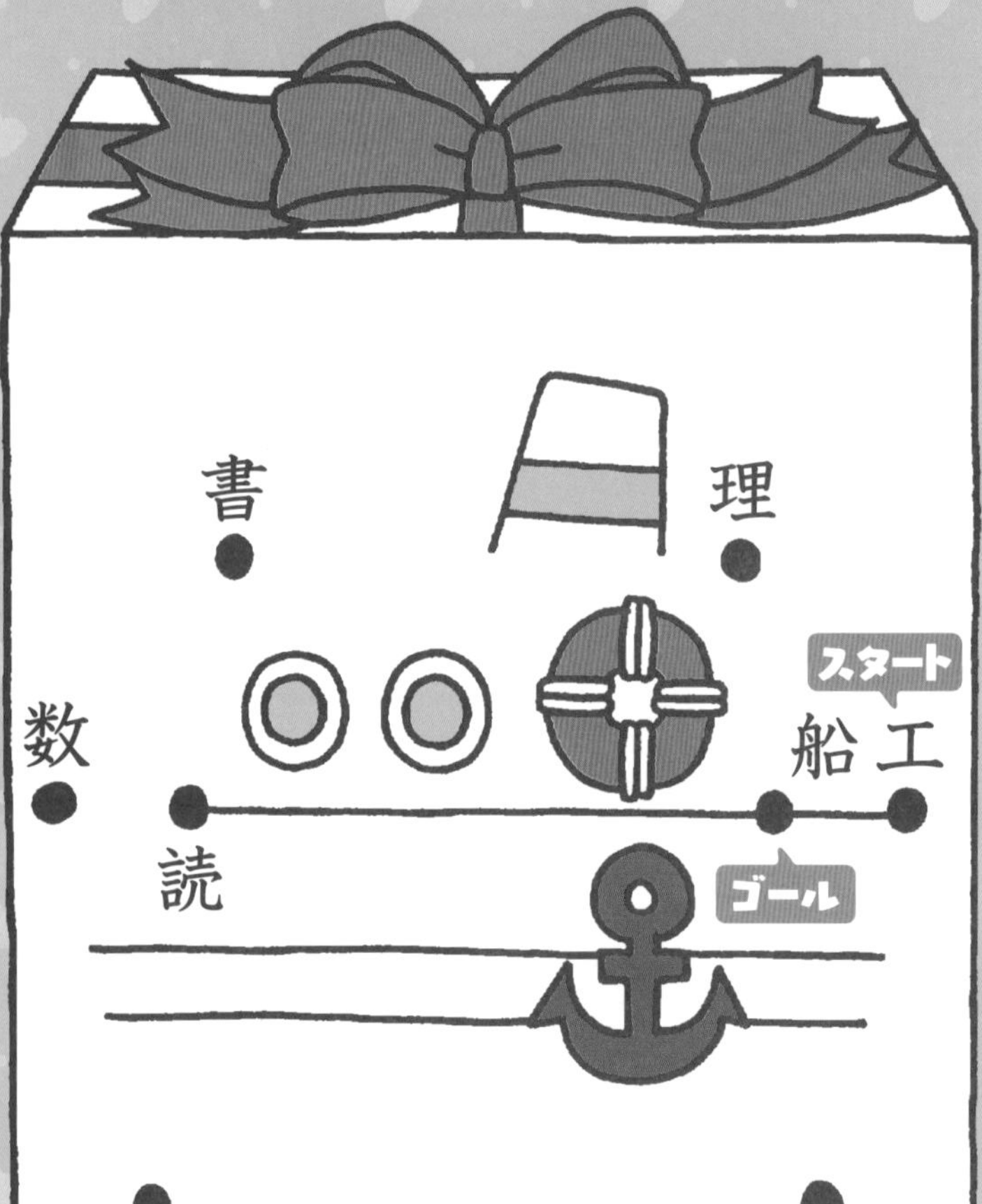

10

4週目に学ぶ漢字だよ

工作算数読書理社科聞話図形直線丸記点半家

絵弓矢紙船刀元広高合止長明

解答《かいとう》（こたえ）は別冊《べっさつ》12ページ

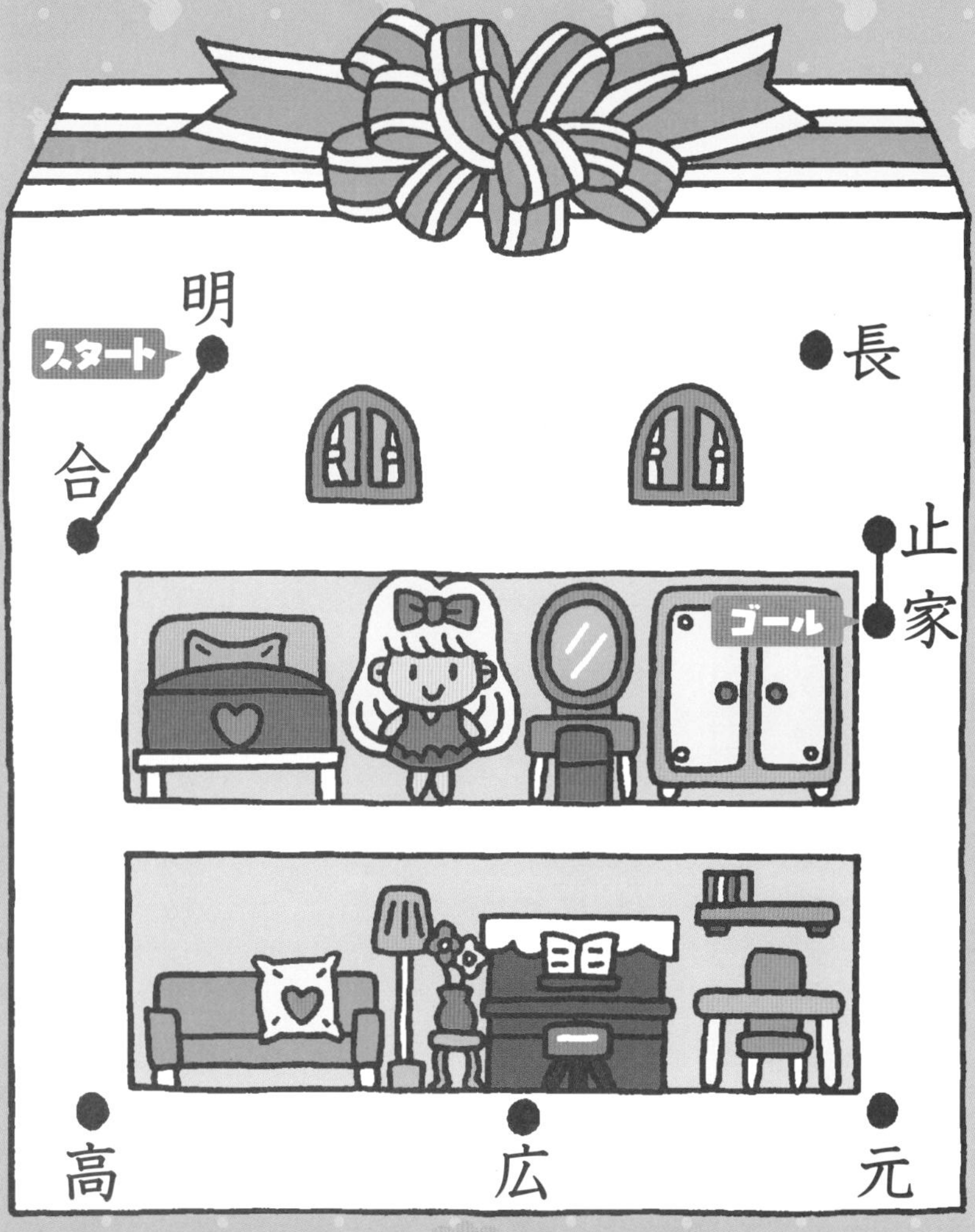

●漢字じゅんばんひょう●

明↓長↓止↓合↓高↓広↓元↓家

10

ここにシールをはろう！

工

3画

読み	ぶしゅ	ぶしゅめい
コウ ク	工	たくみ え

工工工

作

7画

読み	ぶしゅ	ぶしゅめい
サク サ つく(る)	亻	にんべん

作作作作作作作

算

14画

読み	ぶしゅ	ぶしゅめい
サン	⺮	たけかんむり

算算算算算算算算算算算算算算

数

13画

読み	ぶしゅ	ぶしゅめい
スウ ス㊕ かず かぞ(える)	攵	ぼくづくり のぶん

数数数数数数数数数数数数数

読

14画

読み	ぶしゅ	ぶしゅめい
ドク トク トウ よ(む)	言	ごんべん

読読読読読読読読読読読読読読

書

10画

読み	ぶしゅ	ぶしゅめい
ショ か(く)	曰	いわく ひらび

書書書書書書書書書書

れんしゅうもんだい

1 つぎの―線《せん》の漢字《かんじ》の**読みがな**を（　）の中に書きなさい。　／12

1 何回もくりかえし音読をする。（　）（　）
2 大工さんが、くぎを数える。（　）（　）
3 先生に言われたことを書いておく。（　）（　）（　）
4 読んだ本の書名を友だちに教える。（　）（　）（　）
5 親子でおかしの作り方を学ぶ。（　）（　）
6 算数でとくいなのは、かけ算だ。（　）（　）

2 □に**ひらがな**を**一字**書いて、つぎの**ことば**の**読み**をこたえなさい。　／8
（れい　左右…さ[ゆ]う）

1 人数…[1]ん[2]う
2 番組…[3]ん[4]み
3 四角…し[5]く
4 作文…[6]くぶん
5 白米…[7]く[8]い

ここにシールをはろう！

解答《かいとう》（こたえ）は別冊《べっさつ》7ページ

理

11画

読み：リ

ぶしゅ：王

ぶしゅめい：おうへん　たまへん

社

7画

読み：シャ　やしろ

ぶしゅ：ネ

ぶしゅめい：しめすへん

科

9画

読み：カ

ぶしゅ：禾

ぶしゅめい：のぎへん

聞

14画

読み：ブン　モン（高）　き(く)　き(こえる)

ぶしゅ：耳

ぶしゅめい：みみ

話

13画

読み：ワ　はな(す)　はなし

ぶしゅ：言

ぶしゅめい：ごんべん

れんしゅうしよう！

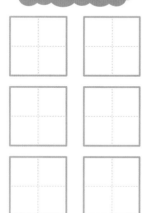

1

つぎの―線《せん》の漢字《かんじ》の読みがなを（　）の中に書きなさい。

/12

1. 夕食のしたくをする音が聞こえる。
2. 何日にもわたって話し合《あ》う。
3. 父の会社では、えい語を話す。
4. お母さんがむかし話をしてくれた。
5. りょう理のしかたを考える。
6. 生活科でおもちゃを作る。

2

つぎの―線《せん》の漢字《かんじ》の読みがなを（　）の中に書きなさい。

/8

1. ㋐ 同時　㋑ 同じクラス
2. ㋐ 会場　㋑ 会う
3. ㋐ 友人　㋑ 友だち
4. ㋐ 電話　㋑ 話す

解答《かいとう》（こたえ）は別冊《べっさつ》7ページ

4週目

10 ここにシールをはろう！

21日目

図形・記《き》号《ごう》の漢《かん》字《じ》（図形直線丸記点半）

図

7画

読み：ズ　ト　はか(る)㊥

ぶしゅ：口

ぶしゅめい：くにがまえ

図図図図図図図

形

7画

読み：ケイ・ギョウ　かた　かたち

ぶしゅ：彡

ぶしゅめい：さんづくり

形形形形形形形

直

8画

読み：チョク・ジキ　ただ(ちに)　なお(す)・なお(る)

ぶしゅ：目

ぶしゅめい：め

直直直直直直直直

線

15画

読み：セン

ぶしゅ：糸

ぶしゅめい：いとへん

線線線線線線線線線線線線線線線

丸

3画

読み：ガン　まる・まる(い)　まる(める)

ぶしゅ：丶

ぶしゅめい：てん

丸丸丸

記

10画

読み：キ　しる(す)

ぶしゅ：言

ぶしゅめい：ごんべん

記記記記記記記記記記

点

9画

読み：テン

ぶしゅ：灬

ぶしゅめい：れんが　れっか

点点点点点点点点点

半

5画

読み：ハン　なか(ば)

ぶしゅ：十

ぶしゅめい：じゅう

半半半半半

1 つぎの―線の漢字《かんじ》の読みがなを（　）の中に書きなさい。

／12

1. 二つの点をまっすぐな線でつなぐ。（　）（　）
2. 丸い実《み》がそだつようすを記ろくする。（　）（　）
3. 夏休みは、のこすところ半分だ。（　）（　）
4. 日記にえい画を見たことを書く。（　）（　）
5. 図書かんで図かんをさがす。（　）（　）
6. ひな人形のきものを直す。（　）（　）

2 れいのように同じなかまの漢字《かんじ》を□の中に書きなさい。

（れい　木……村《むら》人・山林《りん》）

／10

1. 口……ようち□《えん》・□《ず》形
2. 禾……生活□《か》・□《あき》風
3. 亻……工□《さく》・□《たい》力
4. 文……□《きょう》室・□《すう》字
5. 言……□《どく》書・日本□《ご》

ここにシールをはろう！

解答《かいとう》（こたえ）は別冊《べっさつ》7ページ

10/22 日目

もの・道具《どうぐ》の漢字《かんじ》（家絵弓矢紙船刀）

家

- 読み：カ・ケ　いえ　や
- 10画
- ぶしゅ：宀
- ぶしゅめい：うかんむり

絵

- 読み：カイ　エ
- 12画
- ぶしゅ：糸
- ぶしゅめい：いとへん

弓

- 読み：キュウ㊥　ゆみ
- 3画
- ぶしゅ：弓
- ぶしゅめい：ゆみ

矢

- 読み：シ㊒　や
- 5画
- ぶしゅ：矢
- ぶしゅめい：や

紙

- 読み：シ　かみ
- 10画
- ぶしゅ：糸
- ぶしゅめい：いとへん

船

- 読み：セン　ふね　ふな
- 11画
- ぶしゅ：舟
- ぶしゅめい：ふねへん

刀

- 読み：トウ　かたな
- 2画
- ぶしゅ：刀
- ぶしゅめい：かたな

れんしゅうしよう！

れんしゅうもんだい

1

つぎの―線の漢字《かんじ》の読みがなを（　）の中に書きなさい。

① 赤い風船をえがいた絵本を読む。

② 家のたなをせい理する。

③ 図工で紙の船を作った。

④ いちまるは弓と矢でたたかった。

⑤ なか直りのために話し合《あ》う。

⑥ ちょうこく刀で丸木をけずる。

／12

2

つぎの漢字《かんじ》の太《ふと》いところはなんばんめに書きますか。数字を〇の中に書きなさい。

① 丸 …… 〇

② 矢 …… 〇

③ 絵 …… 〇

④ 理 …… 〇

⑤ 家 …… 〇

／5

ここにシールをはろう！

解答《かいとう》（こたえ）は別冊《べっさつ》8ページ

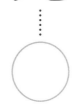

10/23 日目

ようすの漢字《かんじ》（元広高合止長明）

元

読み：ゲン・ガン・もと

ぶしゅ：儿

ぶしゅめい：ひとあし・にんにょう

4画

元元元元

広

読み：コウ・ひろ(い)・ひろ(まる)・ひろ(める)・ひろ(がる)・ひろ(げる)

ぶしゅ：广

ぶしゅめい：まだれ

5画

広広広広広

高

読み：コウ・たか(い)・たか・たか(まる)・たか(める)

ぶしゅ：高

ぶしゅめい：たかい

10画

高高高高高高高高高高

合

読み：ゴウ・ガッ・カッ・あ(う)・あ(わす)・あ(わせる)

ぶしゅ：口

ぶしゅめい：くち

6画

合合合合合合

止

読み：シ・と(まる)・と(める)

ぶしゅ：止

ぶしゅめい：とめる

4画

止止止止

長

読み：チョウ・なが(い)

ぶしゅ：長

ぶしゅめい：ながい

8画

長長長長長長長長

明

読み：メイ・ミョウ・あ(かり)・あか(るい)・あか(るむ)・あか(らむ)・あき(らか)・あ(ける)・あ(く)・あ(くる)・あ(かす)

ぶしゅ：日

ぶしゅめい：ひへん

8画

明明明明明明明明

れんしゅうしよう！

1

つぎの―線の漢字《かんじ》の読みがなを（　）の中に書きなさい。

/12

1. これは船長じまんの長ぐつだ。
2. わらい声がかさなり合う。
3. 夜が明けるようすを絵にかいた。
4. 紙ねん土を丸める。
5. 高校のうらで足を止めた。
6. 広いグラウンドで元気にあそぶ。

2

つぎの□の中に漢字《かんじ》を書き、上のことばとはんたいのいみのことばをつなぎなさい。

/5

1. 点　・　・　□《たか》い
2. うごく　・　・　□《き》く
3. 話す　・　・　□《せん》
4. ひくい　・　・　□《と》まる
5. くらい　・　・　□《あか》るい

ここにシールをはろう！

1

つぎの～線の**ひらがな**を**漢字**《かんじ》で書くと、どちらが正しいですか。正しいほうの**ばんごう**に○をつけなさい。

／6

❶ ふるさと
1 ふる里
2 ふる理

❷ 時かん
1 時聞
2 時間

❸ 体りょく
1 体力
2 体刀

❹ じてん車
1 白てん車
2 自てん車

❺ ぬりえ
1 ぬり絵
2 ぬり会

❻ きょう科書
1 数科書
2 教科書

2

つぎの□の中に**漢字**《かんじ》を書きなさい。

／6

❶ 妹が何か□《い》おうとした。

❷ 鳥が□《たか》い木のえだに□《と》まる。

❸ □□《ひろば》にあつまる。

❹ 親子で□《はな》し合う。

❺ むかしの□□《ゆみや》をかざる。

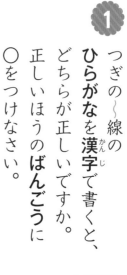

3 つぎの―線の漢字《かんじ》の読みがなを（　）の中に書きなさい。

①
- ㋐ 毎日元気（　　）にすごす。
- ㋑ 火の元（　　）に気をつける。

②
- ㋐ 二本の直線（　　）を引《ひ》く。
- ㋑ すぐにきげんを直（　　）す。

③
- ㋐ 校長（　　）先生にあいさつをした。
- ㋑ リボンの長（　　）さをそろえる。

／6

4 つぎの□の中に漢字《かんじ》を書きなさい。

① お気に入りの本を□《よ》む。

② □□《ずこう》はすきな科目だ。

③ 引き□《ざん》は□《はん》分とけた。

④ すなで山の□《かたち》を作る。

⑤ □《いえ》の外《そと》に出てみる。

／6

ここにシールをはろう！

解答《かいとう》（こたえ）は別冊《べっさつ》8ページ

漢字《かんじ》であそぼう！

5週目

わくわく広場 5

漢《かん》字《じ》と漢字の間を通《とお》って、
漢字タウンをパトロールだ！
下にかかれているどろぼうを
つかまえて、ゴールの
けいさつしょにつれて行《い》こう！

このどろぼうを
つかまえよう！

10

5週目に学ぶ漢字だよ

引歌帰計切走知通当答歩鳴前後内外遠近強弱

古新細太多少売買行来

解答《かいとう》（こたえ）は別冊《べっさつ》13ページ

ここにシールをはろう！

10/25 日目 うごきの漢字《かんじ》（引歌帰計切走）

引

4画

読み：イン　ひ(く)　ひ(ける)

ぶしゅ：弓

ぶしゅめい：ゆみへん

引引引引

歌

14画

読み：カ　うた　うた(う)

ぶしゅ：欠

ぶしゅめい：あくび　かける

歌歌歌歌歌歌歌歌歌歌歌歌歌歌

帰

10画

読み：キ　かえ(る)　かえ(す)

ぶしゅ：巾

ぶしゅめい：はば

帰帰帰帰帰帰帰帰帰帰

計

9画

読み：ケイ　はか(る)　はか(らう)

ぶしゅ：言

ぶしゅめい：ごんべん

計計計計計計計計計

切

4画

読み：セツ　サイ㊥　き(る)　き(れる)

ぶしゅ：刀

ぶしゅめい：かたな

切切切切

走

7画

読み：ソウ　はし(る)

ぶしゅ：走

ぶしゅめい：はしる

走走走走走走走

れんしゅうもんだい

1

つぎの—線の**漢字**《かんじ》の**読みがな**を（　）の中に書きなさい。

/12

1. おり紙をつくえの引き出しにしまう。
2. 小学校の校歌を思い出す。
3. 手作りの食パンを切り分ける。
4. 歌いながら走る。
5. 計算のテストで百点をとった。
6. 家に帰るまでの時間を計る。

2

つぎの**漢字**《かんじ》の**太**《ふと》**い**ところは**なんばんめ**に書きますか。〇の中に**数字**を書きなさい。

/5

1. 歌
2. 刀
3. 曜
4. 帰
5. 走

5週目

ここにシールをはろう！

解答《かいとう》（こたえ）は別冊《べっさつ》9ページ

10 26 日目

うごきの漢《かん》字《じ》（知通当答歩鳴）

知

8画

読み	ぶしゅ	ぶしゅめい
チ し(る)	矢	やへん

通

10画

読み	ぶしゅ	ぶしゅめい
ツウ ツ(高) とお(る) とお(す) かよ(う)	辶	しんにょう しんにゅう

当

6画

読み	ぶしゅ	ぶしゅめい
トウ あ(たる) あ(てる)	⺌	しょう

答

12画

読み	ぶしゅ	ぶしゅめい
トウ こた(える) こた(え)	⺮	たけかんむり

歩

8画

読み	ぶしゅ	ぶしゅめい
ホ ブ(中) フ(高) ある(く) あゆ(む)	止	とめる

鳴

14画

読み	ぶしゅ	ぶしゅめい
メイ な(く) な(る) な(らす)	鳥	とり

れんしゅうもんだい

1 つぎの―線の**漢字《かんじ》**の**読みがな**を（　）の中に書きなさい。

/12

❶ ふみ切りをわたって学校に通う。

❷ けがの手当てのしかたを知る。

❸ 今週の火曜日はそうじ当番だ。

❹ 知り合いにおうだん歩道で会った。

❺ かみなりが鳴るしくみを答える。

❻ 大切にしまっている手紙がある。

2 つぎの□の中に**漢字《かんじ》**を書きなさい。

/7

❶ □□《にっき》に□《え》をつける。

❷ 買《か》いものの□□《けいかく》をねる。

❸ にぎやかな□《とお》りを□《ある》く。

❹ □《なが》ぐつをはいて出かける。

❺ ウグイスが□《な》いている。

5週目

ここにシールをはろう！

解答《かいとう》（こたえ）は別冊《べっさつ》9ページ

10 27日目

反対《はんたい》の意味《いみ》の漢字《かんじ》（前後内外遠近）

前

読み：ゼン、まえ

ぶしゅ：刂

ぶしゅめい：りっとう

9画

前前前前前前前前前

後

読み：ゴ・コウ、のち、うし(ろ)、あと、おく(れる)㊥

ぶしゅ：彳

ぶしゅめい：ぎょうにんべん

9画

後後後後後後後後後

内

読み：ナイ、ダイ㊥、うち

ぶしゅ：入

ぶしゅめい：いる

4画

内内内内

外

読み：ガイ・ゲ㊥、そと、ほか、はず(す)、はず(れる)

ぶしゅ：夕

ぶしゅめい：た、ゆうべ

5画

外外外外外

遠

読み：エン、オン㊫、とお(い)

ぶしゅ：辶

ぶしゅめい：しんにょう、しんにゅう

13画

遠遠遠遠遠遠遠遠遠遠遠遠遠

近

読み：キン、ちか(い)

ぶしゅ：辶

ぶしゅめい：しんにょう、しんにゅう

7画

近近近近近近近

1

つぎの―線の漢字《かんじ》の読みがなを（　）の中に書きなさい。

① 後（　）ろからそっと近（　）づく。

② その会社（　）（　）は、町（　）の外（　）れにある。

③ 外国（　）（　）で日本の古《ふる》い刀（　）が見つかった。

④ 家に帰（　）るまでが遠足（　）（　）だ。

⑤ えき前（　）から歩（　）いて公園へ行《い》く。

⑥ まどガラスの内（　）がわを後（　）でふく。

／12

2

□にひらがなを一字書いて、つぎのことばの読みをこたえなさい。

（れい　左右…さ ゆ う）

① 外がわ…そ［1］がわ

② 鳴き声…［2］き［3］え

③ 町内…ちょう［4］い

④ 元日…［5］ん［6］つ

⑤ 前半…［7］んは［8］

／8

5週目

ここにシールをはろう！

反対《はんたい》の意味《いみ》の漢字《かんじ》（強弱古新細太）

強

読み：キョウ・ゴウ㊥、つよ(い)、つよ(まる)、つよ(める)、し(いる)㊥

11画

ぶしゅ：弓

ぶしゅめい：ゆみへん

強強強強強強強強強強強

強強

弱

読み：ジャク、よわ(い)、よわ(る)、よわ(まる)、よわ(める)

10画

ぶしゅ：弓

ぶしゅめい：ゆみ

弱弱弱弱弱弱弱弱弱弱

弱

古

読み：コ、ふる(い)、ふる(す)

5画

ぶしゅ：口

ぶしゅめい：くち

古古古古古

新

読み：シン、あたら(しい)、あら(た)、にい

13画

ぶしゅ：斤

ぶしゅめい：おのづくり

新新新新新新新新新新新新新

新新新新

細

読み：サイ、ほそ(い)、ほそ(る)、こま(か)、こま(かい)

11画

ぶしゅ：糸

ぶしゅめい：いとへん

細細細細細細細細細細細

細細

太

読み：タイ、タ、ふと(い)、ふと(る)

4画

ぶしゅ：大

ぶしゅめい：だい

太太太太

1 つぎの―線の**漢字《かんじ》**の**読みがな**を（　）の中に書きなさい。

/12

1. つなを引っぱる力が弱い。
2. 家ぞくみんなで新しい店に行《い》く。
3. 校内で一時間べん強する。
4. ここで太い道と細い道に分かれる。
5. 古いぬのをはさみで細かく切る。
6. 新聞の記《き》事《じ》をまとめて読みかえす。

2 つぎの□の中に**漢字《かんじ》**を書きなさい。

/5

1. たずねる……□《こた》える
2. 遠い……□《ちか》い
3. 後ろ……□《まえ》
4. おす……□《ひ》く
5. 弱い……□《つよ》い

10/29 日目

反《はん》対《たい》の意《い》味《み》の漢《かん》字《じ》（多少売買行来）

多

6画

読み：タ／おお(い)

ぶしゅ：夕

ぶしゅめい：た／ゆうべ

多多多多多多

少

4画

読み：ショウ／すく(ない)／すこ(し)

ぶしゅ：小

ぶしゅめい：しょう

少少少少

売

7画

読み：バイ／う(る)／う(れる)

ぶしゅ：士

ぶしゅめい：さむらい

売売売売売売売

買

12画

読み：バイ／か(う)

ぶしゅ：貝

ぶしゅめい：かい／こがい

買買買買買買買買買買買買

行

6画

読み：コウ・ギョウ／アン㊟高／い(く)／ゆ(く)／おこな(う)

ぶしゅ：行

ぶしゅめい：ぎょう

行行行行行行

来

7画

読み：ライ／く(る)／きた(る)㊥／きた(す)㊥

ぶしゅ：木

ぶしゅめい：き

来来来来来来来

れんしゅうもんだい

1 つぎの―線の**漢字《かんじ》**の**読みがな**を（　）の中に書きなさい。

/12

1. ぼくたちのチームは弱点が少ない。
2. 細長い道を通って行く。
3. 新かん線の本数が多い。
4. 遠くから友だちが来る。
5. いちまるの時計はとても古いものだ。
6. 市場は売り買いする人があつまる。

2 つぎの―線の**漢字《かんじ》**の**読みがな**を（　）の中に書きなさい。

/6

1. ㋐かっぱつな少年に出会った。
   ㋑おかずが少しあまった。
2. ㋐太ようが西の山にしずむ。
   ㋑大きくて太い木だ。
3. ㋐来月から三年生になる。
   ㋑外国から引っこして来た。

ここにシールをはろう！

解答《かいとう》（こたえ）は別冊《べっさつ》10ページ

ふくしゅうもんだい

1 れいのように**同じなかま**の**漢字《かんじ》**を□の中に書きなさい。
（れい 木……村《むら》人・山林《りん》）

① 宀……ほけん□《しつ》・□《か》ぞく

② 糸……□《え》本・□《こま》かい

③ 辶……□《ちか》道・交□《つう》

④ 竹……□《こた》え・計□《さん》

⑤ 日……秋□《ば》れ・夜□《あ》け

／10

2 つぎの□の中に**漢字《かんじ》**を書きなさい。

① 交番までの□《い》き方をたずねる。

② □《らい》週、歌のテストがある。

③ □□《がいこく》のことを□《し》る。

④ 体いくが中□《し》になった。

⑤ くじ引きで一とうが□《あ》たった。

／6

3

つぎの□の中に漢字《かんじ》を書きなさい。

1. 千……□《まん》
2. 体……□《こころ》
3. 矢……□《ゆみ》
4. 歩く……□《はし》る
5. 妹……□《あね》

／5

4

つぎの□の中に漢字《かんじ》を書きなさい。

1. 読んだ□《しん》□《ぶん》をまとめる。
2. □《えん》足でのおやつが楽しみだ。
3. 町は□《おお》くの人でにぎわう。
4. □《おとうと》がまんがを□《か》った。
5. えき前で親□《せつ》な人を見た。

／6

5週目

ここにシールをはろう！

解答《かいとう》（こたえ）は別冊《べっさつ》10ページ

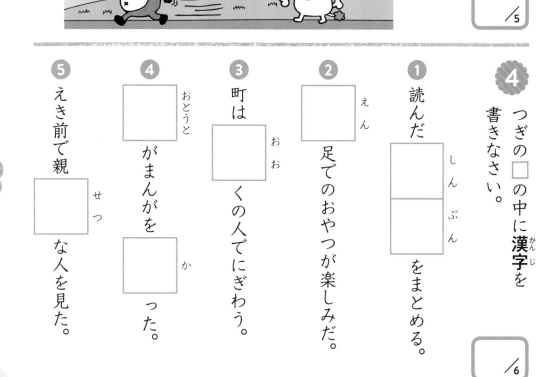

おうちの方へ「漢検」受検の際の注意点

【字の書き方】

問題の答えは楷書で大きくはっきり書きなさい。乱雑な字や続け字、また、行書体や草書体のようにくずした字は採点の対象とはしません。

特に漢字の書き取り問題では、答えの文字は教科書体をもとにして、はねるところ、とめるところなどもはっきり書きましょう。また、画数に注意して、一画一画を正しく、明確に書きなさい。

《例》

○熱　×熱
○言　×言
○糸　×糸

【字種・字体について】

(1)日本漢字能力検定2～10級においては、「常用漢字表」に示された字種で書きなさい。つまり、表外漢字(常用漢字表にない漢字)を用いると、正答とは認められません。

《例》

○交差点　×交叉点　(「叉」が表外漢字)
○寂しい　×淋しい　(「淋」が表外漢字)

(2)日本漢字能力検定2～10級においては、「常用漢字表」に示された字体で書きなさい。なお、「常用漢字表」に参考として示されている康熙《こうき》字典体など、旧字体と呼ばれているものを用いると、正答とは認められません。

《例》

○真　×眞
○渉　×涉
○飲　×飮
○迫　×迫
○弱　×弱

(3)一部例外として、平成22年告示「常用漢字表」で追加された字種で、許容字体として認められているものや、その筆写文字と印刷文字との差が習慣の相違に基づくとみなせるものは正答と認めます。

《例》

餌 → 餌 と書いても可
遜 → 遜 と書いても可
葛 → 葛 と書いても可
溺 → 溺 と書いても可
箸 → 箸 と書いても可

注意

(3)において、どの漢字が当てはまるかなど、一字一字については、当協会発行図書(2級対応のもの)掲載の漢字表で確認してください。

テストにチャレンジ!

今までの学習《がくしゅう》の総《そう》まとめをしてみましょう。

検定《けんてい》をうけるときに気をつけることを記しました。
これを読んでから、じっさいの検定のつもりで問題《もんだい》をといてください。

● 9級《きゅう》の検定時間は40分です。
合図があるまで、はじめてはいけません。

● 9級の検定の問題用紙は2まい
（おもてとうらで4ページ）あります。
2まい目のうらまでわすれずにやりましょう。

※この本では、80～85の6ページあります。

● 9級の問題用紙と答案《とうあん》用紙は、べつべつになっていません。
答えはすべて、問題用紙にそのまま書きこんでください。

● 答えはえんぴつではっきり、ていねいに書きましょう。

● まちがったところは、けしゴムできれいにけしてから、
書きなおしましょう。

テストの見方

「テストにチャレンジ!」は、
段《だん》ごとに右ページから
左ページへつづけて
見てください。

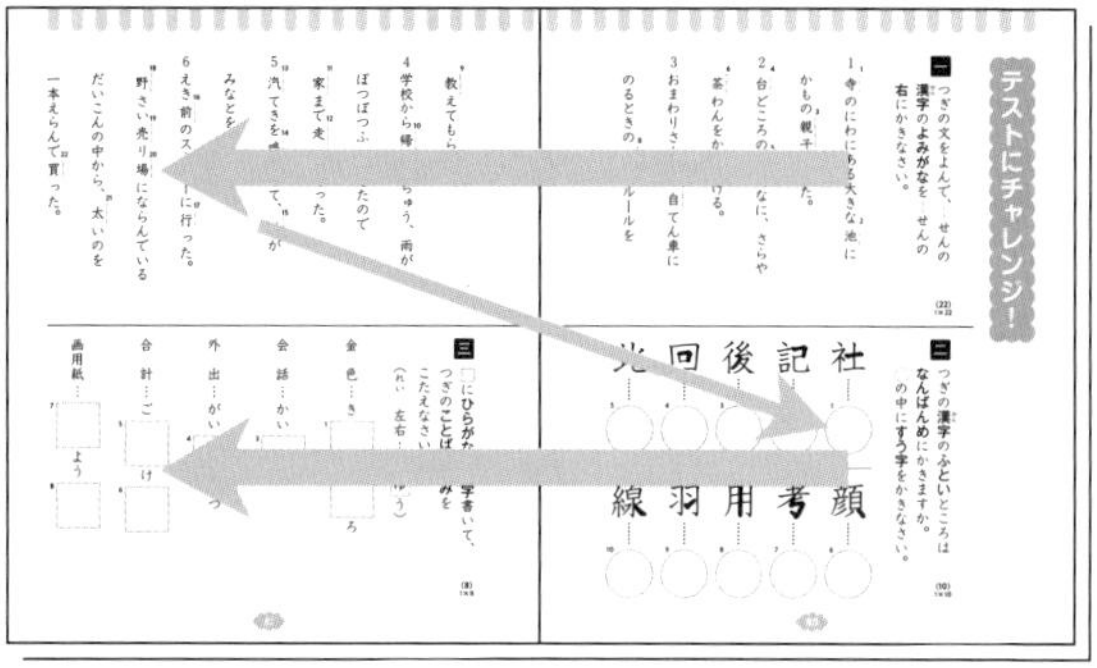

テストにチャレンジ！

一 つぎの文をよんで、——せんの**漢《かん》字**のよみがなを——せんの**右**にかきなさい。

(22)
1×22

1 寺[1]のにわにある大きな池[2]に
かもの親子[3]がいた。

2 台[4]どころの戸[5]だなに、さらや
茶[6]わんをかたづける。

3 おまわりさんに、自[7]てん車に
のるときの交通[8]ルールを

二 つぎの**漢《かん》字**の**ふといところ**は**なんばんめ**にかきますか。○の中に**すう字**をかきなさい。

(10)
1×10

社	記	後	回	北
1 ○	2 ○	3 ○	4 ○	5 ○
顔	考	用	羽	線
6 ○	7 ○	8 ○	9 ○	10 ○

[9]教えてもらった。

4 学校から[10]帰るとちゅう、雨が
ぽつぽつふってきたので
[11]家まで[12]走って帰った。

5 [13]汽てきを[14]鳴らして、[15]船が
みなとを出ていく。

6 えき[16]前のスーパーに[17]行った。
[18]野さい[19]売り[20]場にならんでいる
だいこんの中から、[21]太いのを
一本えらんで[22]買った。

三 □に**ひらがな**を**一字**書いて、つぎの**ことば**の**読《よ》み**をこたえなさい。 (8) 1×8

（れい　左右…さ[ゆ]う）

金色…き 1□ 2□ ろ

会話…かい 3□

外出…がい 4□ ゅつ

合計…ご 5□ け 6□

画用紙…7□ よう 8□

四

つぎの漢字《かん》の◯のところは、はねるか、とめるか、れいのように正しいかきかたで◯の中にかきなさい。

（れい　字◯→字　下◯→下）

(4) 1×4

1 思◯いやり

2 校内◯

3 手作◯り

4 つな引◯き

六

つぎの〰せんのひらがなを漢字《かん》でかくと、どちらが正しいですか。正しいほうのばんごうに◯をつけなさい。

(6) 1×6

1 風ぐるま
1 風東
2 風車

2 正じき
1 正直
2 正首

3 うみべ
1 毎べ
2 海べ

4 半ぶん
1 半分
2 半刀

5 大く
1 大工
2 大土

6 し角形
1 西角形
2 四角形

五

つぎの文をよんで、―せんの漢字《かん》のよみがなを―せんの右にかきなさい。

(10) 1×10

1 遠足の日はよい天気だった。

車にのって 2 遠くの町へ行く。

先生に 3 元気よくあいさつをする。

読んだ本を 4 元の場しょにもどす。

5 来月、マラソン大会がある。

きのう、親せきの人が家に 6 来た。

ベランダに 7 日光が当たっている。

ビー玉がきらりと 8 光る。

9 黒ばんの字をきれいにけす。

ぼく場で 10 黒い牛を見た。

七

れいのようにおなじなかまの漢字《かん》を□の中にかきなさい。

(20) 2×10

(れい 木 …… 村《むら》人・山林《りん》)

⻗ …… 雨 1 □《ぐも》・こな 2 □《ゆき》

女 …… 3 □《いもうと》・お 4 □《ねえ》さん

囗 …… 地 5 □《ず》・6 □《こく》王

禾 …… 生活 7 □《か》・8 □《あき》の花

广 …… 9 □《ひろ》い・10 □《みせ》の人

八 つぎの□の中に漢《かん》字をかきなさい。

1 矢……□《ゆみ》

2 冬……□《なつ》

3 月……□《ほし》

4 夜……□《ひる》

5 牛……□《うま》

6 むかし……□《いま》

7 ひくい……□《たか》い

8 読む……□《か》く

9 古い……□《あたら》しい

10 くらい……□《あか》るい

(20) 2×10

---

4 ころばないように、山 10 □《みち》を ゆっくり 11 □《ある》いた。

5 公 12 □《えん》のベンチでパンを 13 □《た》べていると、小 14 □《とり》が ぼくの足もとへ 15 □《すこ》しずつ 16 □《ちか》づいてきた。

6 先 17 □《しゅう》の日 18 □《よう》日に

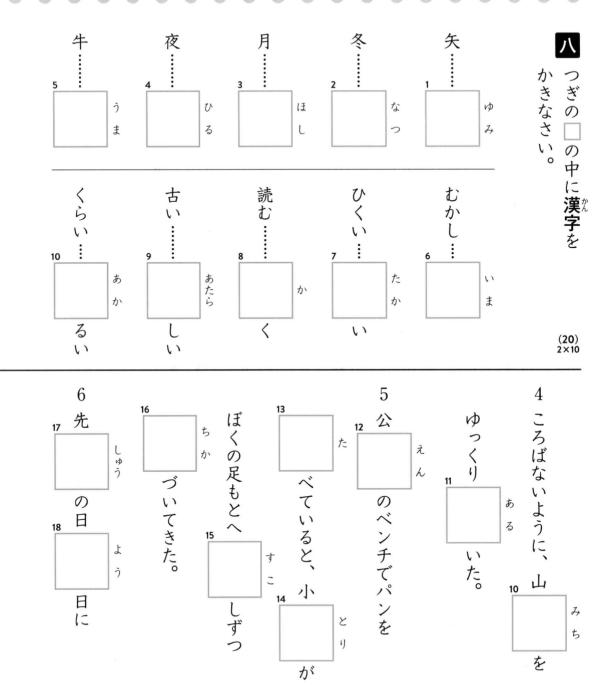

九 つぎの文をよんで、□の中に**漢《かん》字**をかきなさい。

(50)
2×25

1　1□《あさ》、校2□《もん》の前で3□《おな》じ組の4□《とも》だちに会った。

2　音5□《がく》6□《しつ》から、校歌を歌う7□《こえ》が聞こえる。

3　8□《でん》車が9□《なが》いトンネルを通りぬけた。

19□《はら》っぱで、20□《ちち》とたこあげをした。

7　21□《たに》川で男の人たちが22□《さかな》つりをしている。

8　23□《おとうと》が24□《はは》に、かみの毛を25□《き》ってもらっている。

※2018年度《ねんど》第《だい》3回《かい》検定問題《けんていもんだい》(改《かい》)

／150

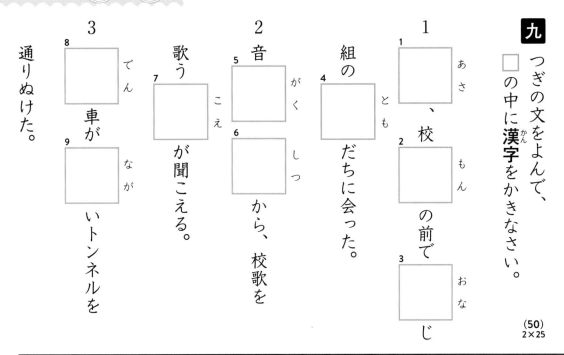

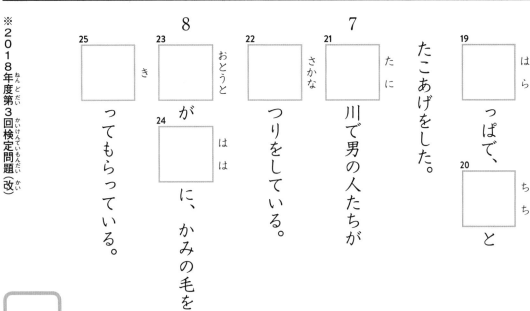

部《ぶ》首《しゅ》一《いち》覧《らん》表《ひょう》

表の上には部首を画数順《じゅん》に配列《はいれつ》し、下には漢字《かんじ》の中で占《し》める位置《いち》によって形が変化《へんか》するものや特別《とくべつ》な名称《めいしょう》を持《も》つものを示《しめ》す。

偏《へん》…　旁《つくり》…　冠《かんむり》…　脚《あし》…　垂《たれ》…　繞《にょう》…　構《かまえ》…

番号	部首	部首	位置	名称
一画				
1	【一】	一		いち
2	【丨】	丨		ぼう たてぼう
3	【丶】	丶		てん
4	【丿】	丿		の はらいぼう
5	【乙】	乙		おつ
		乚		おつ
6	【亅】	亅		はねぼう
二画				
7	【二】	二		に
8	【亠】	亠		なべぶた けいさんかんむり
9	【人】	人		ひと
		亻		にんべん
		𠆢		ひとやね
10	【入】	入		いる
11	【儿】	儿		ひとあし にんにょう
12	【八】	八		はち
		ハ		は
13	【冂】	冂		けいがまえ まきがまえ どうがまえ
14	【冖】	冖		わかんむり
15	【冫】	冫		にすい
16	【几】	几		つくえ
17	【凵】	凵		うけばこ
18	【刀】	刀		かたな
		刂		りっとう
19	【力】	力		ちから
20	【勹】	勹		つつみがまえ
21	【匕】	匕		ひ
22	【匚】	匚		はこがまえ
23	【匸】	匸		かくしがまえ
24	【十】	十		じゅう
25	【卜】	卜		と うらない
26	【卩】	卩		わりふ ふしづくり
26	【卩】	⺋		わりふ ふしづくり
27	【厂】	厂		がんだれ
28	【厶】	厶		む
29	【又】	又		また
三画				
30	【口】	口		くち
		口		くちへん
31	【囗】	囗		くにがまえ
32	【土】	土		つち
		土		つちへん
33	【士】	士		さむらい
34	【夂】	夂		すいにょう ふゆがしら
35	【夕】	夕		た ゆうべ
36	【大】	大		だい
37	【女】	女		おんな
		女		おんなへん
38	【子】	子		こ
38	【子】	子		こへん
39	【宀】	宀		うかんむり
40	【寸】	寸		すん
41	【小】	小		しょう
		⺌		しょう
42	【尢】	尢		だいのまげあし
43	【尸】	尸		かばね しかばね
44	【屮】	屮		てつ
45	【山】	山		やま
		山		やまへん
46	【川】	川		かわ
		巛		かわ
47	【工】	工		え たくみ
		工		たくみへん
48	【己】	己		おのれ
49	【巾】	巾		はば
		巾		はばへん きんべん

50	【干】	干	かん いちじゅう
51	【幺】	幺	よう いとがしら
52	【广】	广	まだれ
53	【廴】	廴	えんにょう
54	【廾】	廾	こまぬき にじゅうあし
55	【弋】	弋	しきがまえ
56	【弓】	弓	ゆみ
		弓	ゆみへん
57	【彐】	彑	けいがしら
58	【彡】	彡	さんづくり
59	【彳】	彳	ぎょうにんべん
60	【⺍】	⺍	つかんむり

忄→心　扌→手
氵→水　犭→犬
艹→艸　辶→辵
阝(旁)→邑　阝(偏)→阜

四画

61	【心】	心	こころ
		忄	りっしんべん
		⺗	したごころ
62	【戈】	戈	ほこづくり ほこがまえ
63	【戸】	戸	と
		戸	とだれ とかんむり
64	【手】	手	て
		扌	てへん
65	【支】	支	し
66	【攴】	攵	のぶん ぼくづくり
67	【文】	文	ぶん
68	【斗】	斗	とます
69	【斤】	斤	きん
		斤	おのづくり
70	【方】	方	ほう
		方	ほうへん かたへん
71	【日】	日	ひ
		日	ひへん
72	【曰】	曰	ひらび いわく
73	【月】	月	つき
		月	つきへん
74	【木】	木	き
		木	きへん
75	【欠】	欠	あくび かける
76	【止】	止	とめる
77	【歹】	歹	かばねへん いちたへん がつへん
78	【殳】	殳	るまた ほこづくり
79	【毋】	毋	なかれ
80	【比】	比	ならびひ くらべる
81	【毛】	毛	け
82	【氏】	氏	うじ
83	【气】	气	きがまえ
84	【水】	水	みず
		氵	さんずい
		氺	したみず
85	【火】	火	ひ
		火	ひへん
		灬	れんが れっか
86	【爪】	爪	つめ
		爫	つめかんむり つめがしら
87	【父】	父	ちち
88	【片】	片	かた
		片	かたへん
89	【牙】	牙	きば
90	【牛】	牛	うし
		牛	うしへん
91	【犬】	犬	いぬ
		犭	けものへん

王・𤣩→玉　礻→示
耂→老　辶→辵

五画

92	【玄】	玄	げん
93	【玉】	玉	たま
		王	おう
		𤣩	おうへん たまへん
94	【瓦】	瓦	かわら
95	【甘】	甘	かん あまい
96	【生】	生	うまれる
97	【用】	用	もちいる
98	【田】	田	た
		田	たへん
99	【疋】	⻊	ひき

番号	部首	字形	名称
99	【疋】	𤴔	ひきへん
100	【疒】	疒	やまいだれ
101	【癶】	癶	はつがしら
102	【白】	白	しろ
103	【皮】	皮	けがわ
104	【皿】	皿	さら
105	【目】	目	め
		目	めへん
106	【矛】	矛	ほこ
107	【矢】	矢	や
		矢	やへん
108	【无】	旡	なし ぶ すでのつくり
109	【石】	石	いし
		石	いしへん
110	【示】	示	しめす
		礻	しめすへん
111	【禾】	禾	のぎ
		禾	のぎへん
112	【穴】	穴	あな
112	【穴】	穴	あなかんむり
113	【立】	立	たつ
		立	たつへん
		氺→水 衤→衣 罒→网	
六画			
114	【竹】	竹	たけ
		⺮	たけかんむり
115	【米】	米	こめ
		米	こめへん
116	【糸】	糸	いと
		糸	いとへん
117	【缶】	缶	ほとぎ
118	【网】	罒	あみがしら あみめ よこめ
119	【羊】	羊	ひつじ
120	【羽】	羽	はね
121	【老】	耂	おいかんむり おいがしら
122	【而】	而	しかして しこうして
123	【耒】	耒	すきへん らいすき
124	【耳】	耳	みみ
124	【耳】	耳	みみへん
125	【聿】	聿	ふでづくり
126	【肉】	肉	にく
		月	にくづき
127	【自】	自	みずから
128	【至】	至	いたる
129	【臼】	臼	うす
130	【舌】	舌	した
131	【舟】	舟	ふね
		舟	ふねへん
132	【艮】	艮	ねづくり こんづくり
133	【色】	色	いろ
134	【艸】	艹	くさかんむり
135	【虍】	虍	とらがしら とらかんむり
136	【虫】	虫	むし
		虫	むしへん
137	【血】	血	ち
138	【行】	行	ぎょう
		行	ぎょうがまえ ゆきがまえ
139	【衣】	衣	ころも
		衤	ころもへん
140	【襾】	西	にし
		覀	おおいかんむり
七画			
141	【見】	見	みる
142	【臣】	臣	しん
143	【角】	角	かく つの
		角	つのへん
144	【言】	言	げん
		言	ごんべん
145	【谷】	谷	たに
146	【豆】	豆	まめ
147	【豕】	豕	ぶた いのこ
148	【豸】	豸	むじなへん
149	【貝】	貝	かい こがい
		貝	かいへん
150	【赤】	赤	あか
151	【走】	走	はしる

151	152		153	154		155	156	157		158	159		160		161		162	163
【走】	【足】		【身】	【車】		【辛】	【辰】	【⻌】		【邑】	【酉】		【釆】		【里】		【舛】	【麦】
走	足	𧾷	身	車	車	辛	辰	⻌	⻍	阝	酉	酉	釆	釆	里	里	舛	麦
そうにょう	あし	あしへん	み	くるま	くるまへん	からい	しんのたつ	しんにょう しんにゅう	しんにょう しんにゅう	おおざと	ひよみのとり	とりへん	のごめ	のごめへん	さと	さとへん	まいあし	むぎ

163		164		165	166		167		168	169	170		171	172	173		174	175
【麦】		【金】		【長】	【門】		【阜】		【隶】	【隹】	【雨】		【青】	【非】	【斉】		【面】	【革】
麦	八画	金	金	長	門	門	阜	阝	隶	隹	雨	⻗	青	非	斉	九画	面	革
ばくにょう		かね	かねへん	ながい	もん	もんがまえ	おか	こざとへん	れいづくり	ふるとり	あめ	あめかんむり	あお	あらず ひ	せい		めん	かくのかわ つくりがわ

175	176	177	178	179	180			181	182		183		184		185	186	187	188
【革】	【音】	【頁】	【風】	【飛】	【食】			【首】	【香】		【馬】		【骨】		【高】	【髟】	【鬯】	【鬼】
革	音	頁	風	飛	食	𩙿	飠	首	香	十画	馬	馬	骨	骨	高	髟	鬯	鬼
かわへん	おと	おおがい	かぜ	とぶ	しょく	しょくへん	しょくへん	くび	か かおり		うま	うまへん	ほね	ほねへん	たかい	かみがしら	ちょう	おに

188	189	190		191		192	193	194	195	196	197		198			199		200
【鬼】	【韋】	【竜】		【魚】		【鳥】	【鹿】	【麻】	【黄】	【黒】	【亀】		【歯】			【鼓】		【鼻】
鬼	韋	竜	十一画	魚	魚	鳥	鹿	麻	黄	黒	亀	十二画	歯	歯	十三画	鼓	十四画	鼻
きにょう	なめしがわ	りゅう		うお	うおへん	とり	しか	あさ	き	くろ	かめ		は	はへん		つづみ		はな

※注《ちゅう》「⻍」については「遡・遜」のみに適用《てきよう》。「飠」については「餌・餅」のみに適用。

10

漢《かん》字《じ》一《いち》覧《らん》表《ひょう》

小学校1年生、2年生、3年生で習《なら》う漢字を五十音順《じゅん》にならべました。

小学校1年生（10級《きゅう》）

イ 一　ウ 右　雨　エ 円
オ 王　音　カ 下　火
花　貝　学　キ 気
九　休　玉　金
ク 空　ケ 月　犬　見
コ 五　口　校　サ 左
三　山　シ 子　四

糸　字　耳　七
車　手　十　出
女　小　上　森
人　ス 水　セ 正　生
青　夕　石　赤
千　川　先　ソ 早
草　足　村　タ 大

男　チ 竹　中　虫
町　テ 天　田　ト 土
ニ 二　日　入　ネ 年
ハ 白　八　ヒ 百　フ 文
ホ 木　本　メ 名　モ 目
リ 立　力　林　ロ 六

小学校2年生（9級）

イ 引 ウ 羽 雲 エ 園 遠 カ 何 科 夏 家
歌 画 回 会 海 絵 外 角 楽
活 間 丸 岩 顔 キ 汽 記 帰 弓
牛 魚 京 強 教 近 ケ 兄 形 計
元 言 原 コ 戸 古 午 後 語 工
公 広 交 光 考 行 高 黄 合
谷 国 黒 今 サ 才 細 作 算 シ 止
市 矢 姉 思 紙 寺 自 時 室
社 弱 首 秋 週 春 書 少 場

色 食 心 新 親 ス 図 数 セ 西 声
星 晴 切 雪 船 線 前 ソ 組 走
タ 多 太 体 台 チ 地 池 知 茶 昼
長 鳥 朝 直 ツ 通 テ 弟 店 点 電
ト 刀 冬 当 東 答 頭 同 道 読
ナ 内 南 ニ 肉 ハ 馬 売 買 麦 半 番
フ 父 風 分 聞 ヘ 米 ホ 歩 母 方 北
マ 毎 妹 万 メ 明 鳴 モ 毛 門 ヤ 夜 野
ユ 友 ヨ 用 曜 ラ 来 リ 里 理 ワ 話

小学校3年生（8級《きゅう》）

ア 悪安暗 イ 医委意育員院飲
ウ 運 エ 泳駅 オ 央横屋温 カ 化荷界
開階寒感漢館岸 キ 起期客
究急級宮球去橋業曲局
銀 ク 区苦具君 ケ 係軽血決研
県 コ 庫湖向幸港号根 サ 祭皿
シ 仕死使始指歯詩次事持
式実写者主守取酒受州
拾終習集住重宿所暑助
昭消商章勝乗植申身神

真深進 セ 世整昔全 ソ 相送想
息速族 タ 他打対待代第題
炭短談 チ 着注柱丁帳調 ツ 追
テ 定庭笛鉄転 ト 都度投豆島
湯登等動童 ノ 農 ハ 波配倍箱
畑発反坂板 ヒ 皮悲美鼻筆
氷表秒病品 フ 負部服福物
ヘ 平返勉 ホ 放 ミ 味 メ 命面 モ 問 ヤ 役薬
ユ 由油有遊 ヨ 予羊洋葉陽様
ラ 落 リ 流旅両緑 レ 礼列練 ロ 路 ワ 和

10 ニとおりの読み／注意《ちゅうい》すべき読み

↓のようにも読める。

ニとおりの読み

遺言	ユイゴン	↓	イゴン
奥義	オウギ	↓	おくギ
堪能	カンノウ	↓	タンノウ
吉日	キチジツ	↓	キツジツ
兄弟	キョウダイ	↓	ケイテイ
甲板	カンパン	↓	コウハン
合点	ガッテン	↓	ガテン
昆布	コンブ	↓	コブ
紺屋	コンや	↓	コウや
詩歌	シカ	↓	シイカ
七日	なのか	↓	なぬか
老若	ロウニャク	↓	ロウジャク
寂然	セキゼン	↓	ジャクネン
法主	ホッス	↓	ホウシュ ホッシュ
十	ジッ	↓	ジュッ
情緒	ジョウチョ	↓	ジョウショ
憧憬	ショウケイ	↓	ドウケイ
人数	ニンズ	↓	ニンズウ
寄贈	キソウ	↓	キゾウ

注意すべき読み

側	がわ	↓	かわ
唾	つば	↓	つばき
愛着	アイジャク	↓	アイチャク
執着	シュウジャク	↓	シュウチャク
貼付	チョウフ	↓	テンプ
難しい	むずかしい	↓	むつかしい
分泌	ブンピツ	↓	ブンピ
富貴	フウキ	↓	フッキ
文字	モンジ	↓	モジ
大望	タイモウ	↓	タイボウ
頬	ほお	↓	ほほ
末子	バッシ	↓	マッシ
末弟	バッテイ	↓	マッテイ
免れる	まぬかれる	↓	まぬがれる
妄言	ボウゲン	↓	モウゲン
面目	メンボク	↓	メンモク
問屋	とんや	↓	といや
礼拝	ライハイ	↓	レイハイ

三位一体	サンミイッタイ
従三位	ジュサンミ

「常用《じょうよう》漢字表《かんじひょう》」（平成《へいせい》22年）本表備考欄《びこうらん》による。

一羽	イチわ
三羽	サンば
六羽	ロッぱ
春雨	はるさめ
小雨	こさめ
霧雨	きりさめ
因縁	インネン
親王	シンノウ
勤王	キンノウ
反応	ハンノウ
順応	ジュンノウ
観音	カンノン
安穏	アンノン
天皇	テンノウ
身上	シンショウ シンジョウ （読み方により意味《いみ》が違《ちが》う）
一把	イチワ
三把	サンバ
十把	ジッ（ジュッ）パ

常《じょう》用《よう》漢《かん》字《じ》表《ひょう》 付《ふ》表《ひょう》（熟《じゅく》字《じ》訓《くん》・当て字など）

＊小・中・高：小学校・中学校・高等《こうとう》学校のどの時点で学習《がくしゅう》するかの割《わ》り振《ふ》りを示《しめ》した。

※以下《いか》に挙《あ》げられている語を構成要素《こうせいようそ》の一部《いちぶ》とする熟語《じゅくご》に用いてもかまわない。

例《れい》「河岸（かし）」→「魚河岸（うおがし）」／「居士（こじ）」→「一言居士（いちげんこじ）」

付表1

語	読み	小	中	高
明日	あす	●		
小豆	あずき		●	
海女・海士	あま			●
硫黄	いおう		●	
意気地	いくじ		●	
田舎	いなか		●	
息吹	いぶき			●
海原	うなばら		●	
乳母	うば		●	
浮気	うわき			●
浮つく	うわつく		●	
笑顔	えがお		●	
叔父・伯父	おじ		●	
大人	おとな	●		
乙女	おとめ		●	
叔母・伯母	おば		●	
お巡りさん	おまわりさん		●	
お神酒	おみき			●
母屋 母家	おもや			●
母さん	かあさん	●		
神楽	かぐら			●
河岸	かし			●
鍛冶	かじ		●	
風邪	かぜ		●	
固唾	かたず		●	
仮名	かな		●	
蚊帳	かや			●
為替	かわせ		●	
河原・川原	かわら	●		
昨日	きのう	●		
今日	きょう	●		
果物	くだもの	●		
玄人	くろうと			●
今朝	けさ	●		
景色	けしき	●		
心地	ここち		●	
居士	こじ			●
今年	ことし	●		
早乙女	さおとめ		●	
雑魚	ざこ			●
桟敷	さじき			●
差し支える	さしつかえる		●	
五月	さつき		●	
早苗	さなえ		●	
五月雨	さみだれ		●	
時雨	しぐれ		●	
尻尾	しっぽ		●	
竹刀	しない		●	
老舗	しにせ		●	
芝生	しばふ		●	
清水	しみず	●		
三味線	しゃみせん		●	
砂利	じゃり		●	
数珠	じゅず			●
上手	じょうず	●		

付表2

白髪	しらが		●	
素人	しろうと			●
師走	しわす（しはす）			●
数寄屋 数奇屋	すきや			●
相撲	すもう		●	
草履	ぞうり		●	
山車	だし			●
太刀	たち		●	
立ち退く	たちのく		●	
七夕	たなばた	●		
足袋	たび		●	
稚児	ちご			●
一日	ついたち	●		
築山	つきやま			●
梅雨	つゆ		●	
凸凹	でこぼこ		●	
手伝う	てつだう	●		
伝馬船	てんません			●
投網	とあみ			●
父さん	とうさん	●		
十重二十重	とえはたえ			●
読経	どきょう			●
時計	とけい	●		
友達	ともだち	●		
仲人	なこうど			●
名残	なごり		●	
雪崩	なだれ		●	
兄さん	にいさん	●		
姉さん	ねえさん	●		
野良	のら			●
祝詞	のりと			●
博士	はかせ	●		
二十 二十歳	はたち		●	
二十日	はつか	●		
波止場	はとば		●	
一人	ひとり	●		
日和	ひより		●	
二人	ふたり	●		
二日	ふつか	●		
吹雪	ふぶき		●	
下手	へた	●		
部屋	へや	●		
迷子	まいご	●		
真面目	まじめ	●		
真っ赤	まっか	●		
真っ青	まっさお	●		
土産	みやげ		●	
息子	むすこ		●	
眼鏡	めがね	●		
猛者	もさ			●
紅葉	もみじ		●	
木綿	もめん		●	
最寄り	もより		●	
八百長	やおちょう			●
八百屋	やおや	●		
大和	やまと		●	
弥生	やよい		●	
浴衣	ゆかた			●
行方	ゆくえ		●	
寄席	よせ			●
若人	わこうど		●	
愛媛	えひめ	●		
茨城	いばらき	●		
岐阜	ぎふ	●		
鹿児島	かごしま	●		
滋賀	しが	●		
宮城	みやぎ	●		
神奈川	かながわ	●		
鳥取	とっとり	●		
大阪	おおさか	●		
富山	とやま	●		
大分	おおいた	●		
奈良	なら	●		

■「いちまる」キャラクターイラスト:kaorimix

いちまるとはじめよう！ わくわく漢検 9級 改訂版

2024年 7月25日　第1版第5刷　発行
編　者　公益財団法人 日本漢字能力検定協会
発行者　山崎　信夫
印刷所　三松堂株式会社

発行所　公益財団法人 日本漢字能力検定協会
〒605-0074　京都市東山区祇園町南側551番地
☎(075)757-8600
ホームページhttps://www.kanken.or.jp/

ISBN978-4-89096-419-2　C0081
乱丁・落丁本はお取り替えいたします。

9級

いちまるとはじめよう！
わくわく漢検

改訂版

別《べっ》冊《さつ》
標《ひょう》準《じゅん》解《かい》答《とう》
（こたえ）

＊こたえは別冊になっています。
とりはずしてつかってください。

＊こたえをとじているはり金でけがを
しないよう気をつけてください。

名前

漢検 公益財団法人 日本漢字能力検定協会

700419 (1-5)

れんしゅうもんだい

1週《しゅう》目《め》

1日目

p.11

1

① はら・うし
② うみ
③ はね
④ ぎゅう
⑤ きんぎょ
⑥ かい・いわ

2

① 羽 ② 氵 ③ 角 ④ 山

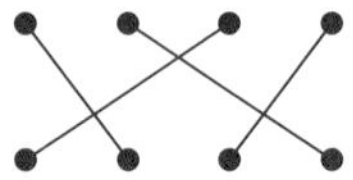

毎 石 羽 灬

① 羽
② 海
③ 魚
④ 岩

れんしゅうもんだい

2日目

p.13

1

① たに
② ほし
③ うみ・ち
④ や
⑤ や
⑥ うま・とり

2

① 馬車
② 子牛
③ 土星
④ 鳥かご

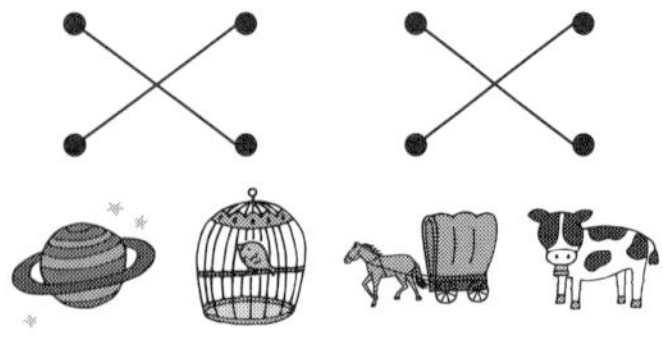

れんしゅうもんだい

3日目

p.15

1

① くも・ひかり
② は
③ かぜ・ゆき
④ でんしゃ
⑤ きしゃ
⑥ じ

2

① 1
② 1
③ 2

れんしゅうもんだい

4日目

p.17

1

① かお・け
② くび
③ こえ
④ せんとう
⑤ は
⑥ ゆき・からだ

2

① 首・毛
② 声
③ 雲
④ 体
⑤ 電・鳥

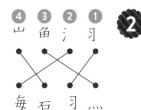

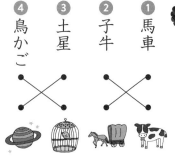

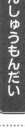

れんしゅうもんだい

10 5日目 p.19

1
① たの
② こころ・しき
③ せいかつ
④ くろ
⑤ おも
⑥ きいろ・ちゃ

2
① 地
② 毛
③ 耳
④ 色
⑤ 心

ふくしゅうもんだい

10 6日目 p.20 p.21

1
① 晴
② 色
③ 汽
④ 茶

2
① 光
② 谷
③ 魚・楽
④ 地
⑤ 岩

3
① 雨 電
② 心 心
③ 氵 海
④ 頁 頭

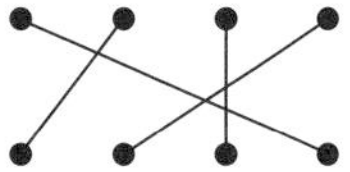

顔 思 雪 活

4
① 風
② 羽
③ 牛・馬
④ 星
⑤ 野原

れんしゅうもんだい

2週目

10 7日目 p.25

1
① いちねんかん
② あさ・いま
③ ご・ひる
④ たの
⑤ よぞら
⑥ あいだ

2
① 1か・2ら
② 3こ
③ 4た
④ 5そ・6ち
⑤ 7や・8ち

れんしゅうもんだい 8日目 p.27

1

① じかん・ごふん
② どようび・せんしゅう
③ わ
④ まいにち
⑤ こんや
⑥ ご

2

①
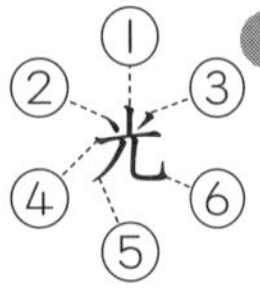

②
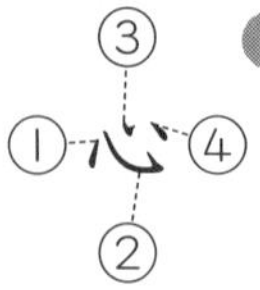

③
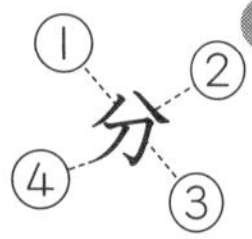

④
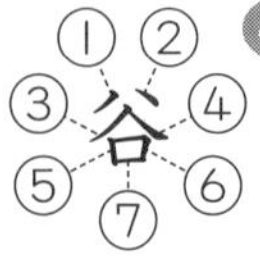

れんしゅうもんだい 9日目 p.29

1

① ばん・さんかいめ
② たいふう・あまど
③ いちまんえん
④ だい
⑤ とき
⑥ てんさい

2

① 2
② 1
③ 1
④ 1
⑤ 2

れんしゅうもんだい 10日目 p.31

1

① なつ
② はる・きた
③ ひがし・にし
④ みなみ
⑤ ふゆやす
⑥ あき

2

① 冬
② 夜
③ 黒
④ 谷
⑤ 頭

れんしゅうもんだい 11日目 p.33

1

① にし・こうえん
② こう
③ とうきょう・てら
④ ま
⑤ し
⑥ まわ

2

① 夏・南
② 昼間
③ 週間
④ 台
⑤ 春・午

ふくしゅうもんだい

12日目 p.34 p.35

1

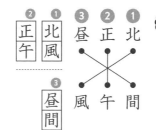

① 北 ② 正 ③ 昼

間 午 風

①北風 ②正午 ③昼間

2

① 曜・公園
② 万
③ 交番
④ 戸
⑤ 思

3

① 1さ・2ん
② 3け
③ 4し・5く
④ 6お・7が
⑤ 8け

4

① 冬
② 黄色
③ 東
④ 毎・時
⑤ 寺

れんしゅうもんだい

3週目 13日目 p.39

1

① いけ・せいほう
② しつ・もう
③ みち・かど
④ ひる・みせ
⑤ ちゅうしん・じょう
⑥ みなみ・みち

2

① ㋐がく ㋑かど
② ㋐かい ㋑まわ
③ ㋐ば ㋑じょう
④ ㋐くろ ㋑こく

れんしゅうもんだい

14日目 p.41

1

① ひるやす・いけ
② もん・むぎ
③ ぎゅうにく・た
④ さと・こめ
⑤ もん・こう
⑥ しょく・さんかく

2

① 京
② 市
③ 才
④ 肉
⑤ 北

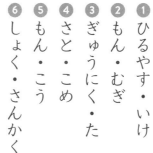

れんしゅうもんだい 15日目

p.43

1

① あね・てん
② はは・しん
③ いもうと・にく
④ ちち・むぎちゃ
⑤ じぶん・あたま
⑥ き・きょうだい

2

① 春
② 親
③ 弟
④ 米
⑤ 戸

れんしゅうもんだい 16日目

p.45

1

① きょうしつ・しょく
② みち・おとうと
③ ねえ・おそ
④ かい・くみ
⑤ おな・あ
⑥ よう・しんゆう

2

① 組
② 友・店
③ 西・母
④ 自・道
⑤ 兄

れんしゅうもんだい 17日目

p.47

1

① がよう・なに
② かんが・い
③ とう・とも
④ くに・なん
⑤ にい・かお
⑥ こくご・く

2

① 亻 休
② 女 姉
③ 亠 交
④ 氵 汽

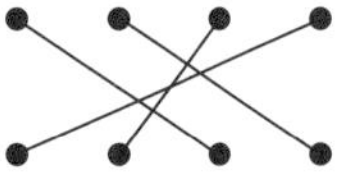

何　妹　池　京

ふくしゅうもんだい 18日目

p.48
p.49

1

① 5
② 6
③ 3
④ 3

2

① 角
② 妹・姉
③ 画用
④ 市場
⑤ 父

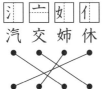

3
1 2
2 2
3 1
4 2
5 1

4
1 教室
2 肉
3 食・考
4 麦
5 門

れんしゅうもんだい

4週目

19日目

p.53

1
1 なんかい・おんどく
2 だいく・かぞ
3 い・か
4 よ・おし
5 おやこ・つく
6 さんすう・ざん

2
1 1に・2ず
2 3ば・4ぐ
3 5か
4 6さ
5 7は・8ま

れんしゅうもんだい

20日目

p.55

1
1 ゆうしょく・き
2 なんにち・はな
3 かいしゃ・ご
4 かあ・ばなし
5 り・かんが
6 せいかつか・つく

2
1 ㋐どう ㋑おな
2 ㋐かい ㋑あ
3 ㋐ゆう ㋑とも
4 ㋐わ ㋑はな

れんしゅうもんだい

21日目

p.57

1
1 てん・せん
2 まる・き
3 なつやす・はんぶん
4 にっき・が
5 としょ・ず
6 にんぎょう・なお

2
1 園・図
2 科・秋
3 作・体
4 教・数
5 読・語

れんしゅうもんだい 22日目 p.59

1

① ふうせん・えほん
② いえ・り
③ かみ・ふね
④ ゆみ・や
⑤ なお・はな
⑥ とう・まるき

2

① 1
② 4
③ 12
④ 9
⑤ 10

れんしゅうもんだい 23日目 p.61

1

① せんちょう・なが
② ごえ・あ
③ あ・え
④ かみ・まる
⑤ こうこう・と
⑥ ひろ・げんき

2

① 点 → 線
② うごく → 止まる
③ 話す → 聞く
④ ひくい → 高い
⑤ くらい → 明るい

ふくしゅうもんだい 24日目 p.62 p.63

1

① 1
② 2
③ 1
④ 2
⑤ 1
⑥ 2

2

① 言
② 高・止
③ 広場
④ 話
⑤ 弓矢

3

① ㋐ げんき ㋑ もと
② ㋐ ちょくせん ㋑ なお
③ ㋐ こうちょう ㋑ なが

4

① 読
② 図工
③ 算・半
④ 形
⑤ 家

れんしゅうもんだい

5週目

25日目 p.67

1
① がみ・ひ
② こうか・おも
③ しょく・き
④ うた・はし
⑤ けいさん・てん
⑥ かえ・はか

2
① 14
② 2
③ 11
④ 10
⑤ 6

れんしゅうもんだい

26日目 p.69

1
① き・かよ
② てあ・し
③ かようび・とうばん
④ し・ほどう
⑤ な・こた
⑥ たいせつ・てがみ

2
① 日記・絵
② 計画
③ 通・歩
④ 長
⑤ 鳴

れんしゅうもんだい

27日目 p.71

1
① うし・ちか
② かいしゃ・はず
③ がいこく・かたな
④ かえ・えんそく
⑤ まえ・ある
⑥ うち・あと

2
① 1と
② 2な・3ご
③ 4な
④ 5が・6じ
⑤ 7ぜ・8ん

れんしゅうもんだい

28日目 p.73

1
① ひ・よわ
② か・あたら
③ こうない・きょう
④ ふと・ほそ
⑤ ふる・こま
⑥ しんぶん・よ

2
① 答
② 近
③ 前
④ 引
⑤ 強

れんしゅうもんだい

29日目 p.75

1

1 じゃくてん・すく
2 ほそなが・い（ゆ）
3 しん・おお
4 とお・く
5 とけい・ふる
6 う・か

2

1 ㋐しょうねん ㋑すこ
2 ㋐たい ㋑ふと
3 ㋐らいげつ ㋑き

ふくしゅうもんだい

30日目 p.76 p.77

1

1 室・家
2 絵・細
3 近・通
4 答・算
5 晴・明

2

1 行
2 来
3 外国・知
4 止
5 当

3

1 万
2 心
3 弓
4 走
5 姉

4

1 新聞
2 遠
3 多
4 弟・買
5 切

漢字《かんじ》であそぼう! わくわく広場《ひろば》 1

p.8
p.9

漢字であそぼう! わくわく広場 2

p.22
p.23

＊こたえは「京、市、南、東、間、交」です。

漢字《かんじ》であそぼう！ わくわく広場《ひろば》3

p.36
p.37

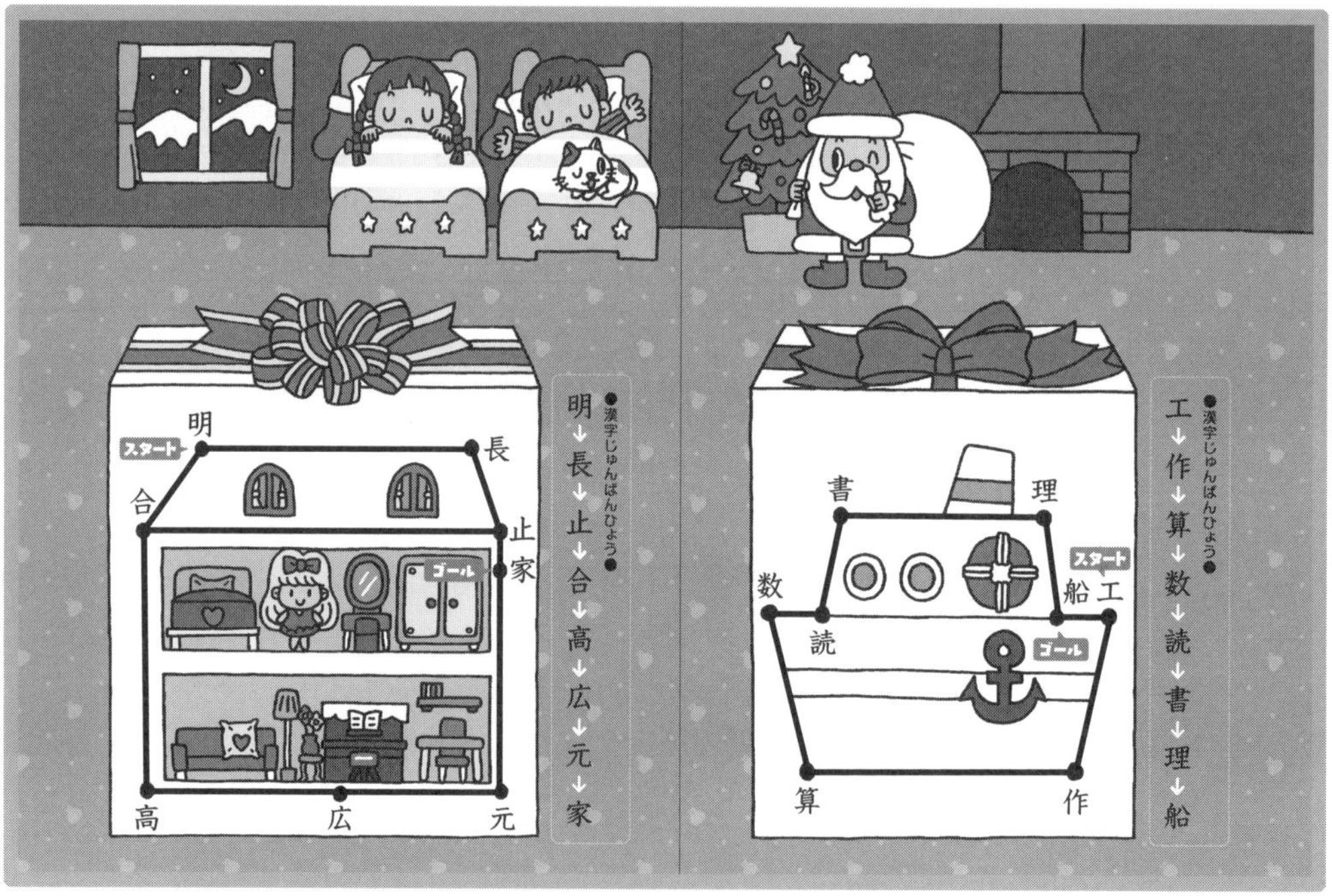

漢字であそぼう！ わくわく広場 4

p.50
p.51

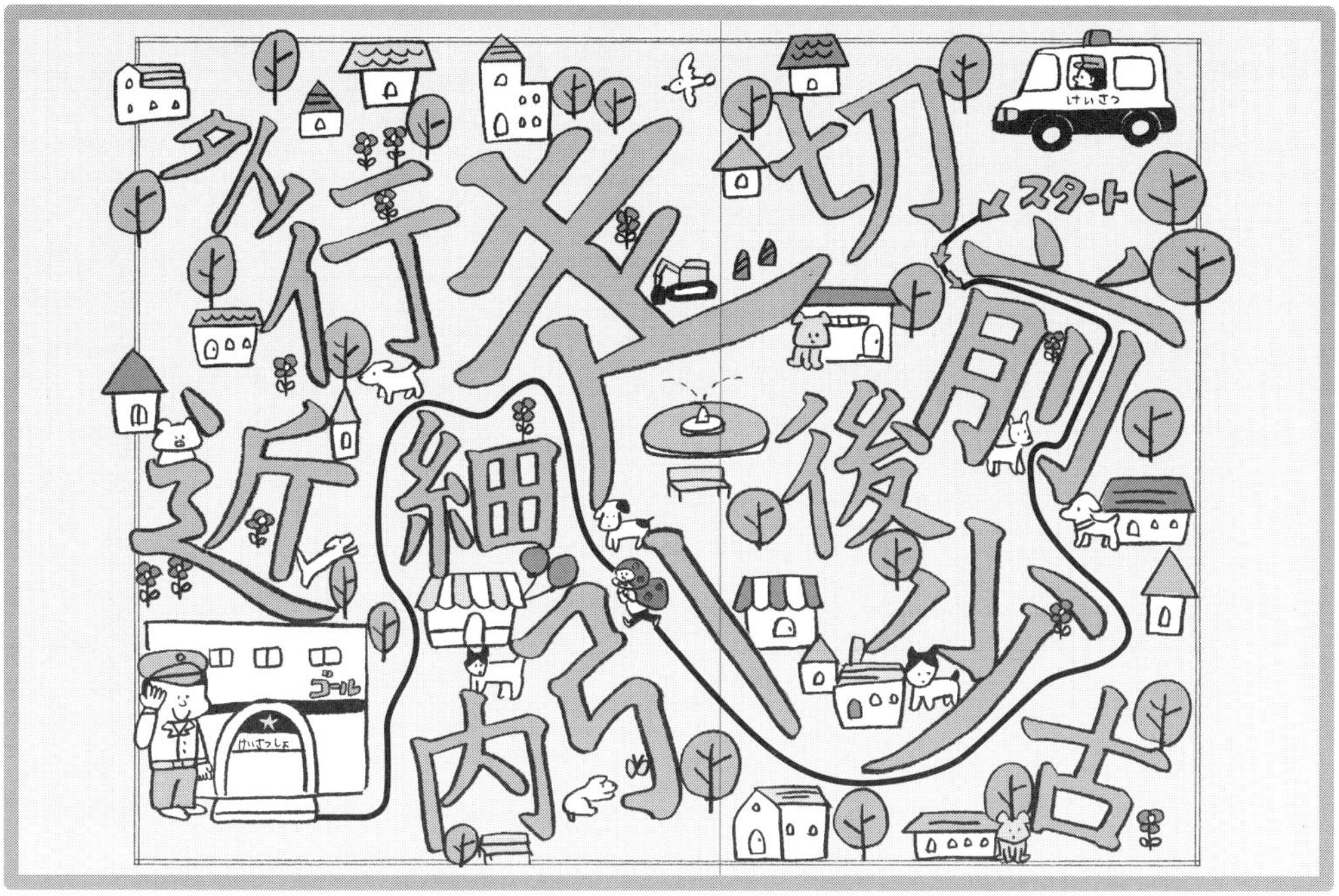

p.64
p.65

テストにチャレンジ！

一

p.80
p.81

1
1 てら
2 いけ
3 おやこ

2
4 だい
5 と
6 ちゃ

3
7 じ
8 こうつう
9 おし

4
10 かえ
11 いえ
12 はし

5
13 き
14 な
15 ふね

6
16 まえ
17 い
18 や
19 う
20 ば
21 ふと
22 か

二

p.80

1 5
2 8
3 7
4 4
5 1
6 18
7 6
8 5
9 6
10 15

三

p.81

1 ん
2 い
3 わ
4 し
5 う
6 い
7 が
8 し

四

p.82

1 思
2 内
3 作
4 引

五

1 えんそく
2 とお
3 げんき
4 もと
5 らいげつ
6 き
7 にっこう
8 ひか
9 こく
10 くろ

p.83

六

1 **2**
2 **1**
3 **2**
4 **1**
5 **1**
6 **2**

p.82

七

1 雲
2 雪
3 妹
4 姉
5 図
6 国
7 科
8 秋
9 広
10 店

p.83

八

1 弓
2 夏
3 星
4 昼
5 馬
6 今
7 高
8 書
9 新
10 明

p.84

九

1
1 朝
2 門
3 同
4 友
2
5 楽
6 室
7 声
3
8 電
9 長
4
10 道
11 歩
5
12 園
13 食
14 鳥
15 少
16 近
6
17 週
18 曜
19 原
20 父
7
21 谷
22 魚
8
23 弟
24 母
25 切

p.84
p.85